Kompetenzbereich: *Comprensión Escrita*

W0264836

M 1 Experiencias reales

«Tutambien» es una página web que informa de actividades y ayuda a los jóvenes a buscar un voluntariado o un empleo en el campo social o a conseguir dinero para realizar sus propias actividades relacionadas con el mundo de la cooperación. Vas a leer las experiencias de tres jóvenes que participaron en propuestas de voluntariado que encontraron en esta página.

TÚ TAMBIÉN

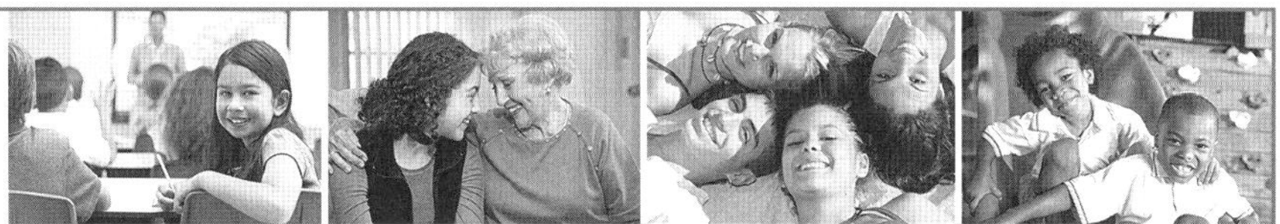

¿quiénes somos? | **voluntariado** | noticias | foro

inicio

voluntariado

→ información

→ general

→ proyectos

→ **experiencias**

→ contacto

→ FAQs

La experiencia de Ana Isabel P. E. en España

La organización con la que colaboré es la Fundación «Abriendo Puertas» de Málaga. El programa está dirigido a niñas y niños hasta los tres años que viven en las cárceles porque sus madres están cumpliendo una condena. Nosotros en concreto estamos con niños cuyas madres cumplen condena en la Prisión Provincial de Málaga. Pasamos el día con los niños, jugamos, vamos al parque, cosas que a nosotros nos pueden parecer normales, corrientes, pero que ellos por las circunstancias en las que viven no tienen posibilidad de disfrutar a diario. Se quiere que puedan vivir una vida normal cuando dejen de estar con sus madres en la cárcel, ya que sólo se les permite estar hasta los tres años.

Y nos fuimos allí el primer día, supernerviosos... ¿cómo serían los niños, nos aceptarían, estarían a gusto con nosotros? Cada uno tenía sus preguntas, y las respuestas no tardaron mucho en llegar... Fue sencillo, fue natural, emotivo, hasta adictivo... y podría seguir poniendo mil adjetivos más, las cinco horas que estuvimos con ellos pasaron volando y cuando nos dimos cuenta teníamos que despedirnos. A veces nos preguntamos qué va a ser de ellos cuando crezcan, pero cuando los vemos reír, jugar, abrazarnos... pensamos que todo va a irles bien; ¡tiene que irles bien!

cumplir una condena – *eine Strafe verbüßen*
las circunstancias – *Umstände*
a diario – todos los días
estar a gusto – *sich wohlfühlen*
emotivo – *rührend*
adictivo – *süchtig machend*
pasar volando – pasar muy rápido
darse cuenta de algo – *etwas bemerken*

TÚ TAMBIÉN

¿quiénes somos? | **voluntariado** | noticias | foro

inicio

voluntariado

→ información

→ general

→ proyectos

→ **experiencias**

→ contacto

→ FAQs

La experiencia de Alex Castro Moreno en Argentina

Hemos estado un mes y medio en la provincia de Jujuy, un grupo de cinco españoles, con el objetivo de conocer otra realidad, otro estilo de vida y sobre todo, compartir la vida. Hemos estado en comunidades perdidas: para llegar hasta allí, unos burros y unas mulas venían como regalo del cielo, porque los caminos para llegar eran muy estrechos (nada de camionetas, nada de motos...) y tardamos ocho horas en llegar hasta aquel lindo lugar en el que había unas 20 casas en medio de la montaña y poco más, nada de bares, ni de tiendas, sólo lo que llevábamos con nosotros (que tuvimos que reducir para el buen caminar de los burros). La luz que había era la de las velas que encendíamos. Nada más llegar, nos dieron lo mejor que tenían de lo poco que podían ofrecer; sin conocernos de nada, nos hacían unas camitas y nos daban sus mantas, nos invitaban a comer. Allí comimos pan duro, ¡y qué rico estaba!, comíamos lo que teníamos, había una cuchara para cada uno (nada de cuchillos y tenedores), la ducha era un cubo por la cabeza, el móvil no servía para nada, ni tampoco el dinero (no había donde comprar...). Llegamos a nuestras casas y vimos los semáforos, el asfalto, esa ducha en la que te puedes poner debajo y sale agua caliente... y encima siempre que le dábamos a un botón, se encendían las luces, la nevera, y la radio y la tele... tantas cosas que vemos necesarias en nuestra vida, pero aquí observas y palpas otra realidad y te das cuenta, de que verdaderamente, SE PUEDE VIVIR CON MENOS. Es importante tenerlo presente cada día, para contribuir en lo que podamos para que ellos, algún día, puedan tener luz eléctrica y para que nosotros consumamos menos para poder darles más.

compartir – *teilen*
el burro – *Esel*
la mula – *Maultier*
la camioneta – *Kleinlaster*
la vela – *Kerze*
encender – *anzünden*
la manta – *Decke*
el cubo – *Eimer*
el semáforo – *Ampel*
palpar – *deutlich spüren*
tener algo presente – *sich etwas vor Augen führen*
contribuir – *beitragen*

TÚ TAMBIÉN

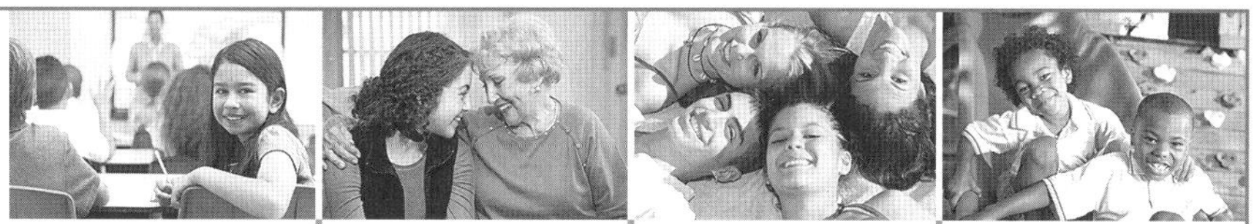

¿quiénes somos? | **voluntariado** | noticias | foro

inicio

voluntariado

→ información

→ general

→ proyectos

→ **experiencias**

→ contacto

→ FAQs

La experiencia de Marcela Montero Pujol en Guatemala

Cada día me levantaba alrededor de las 5:30, me duchaba con una regadera en medio de un agua casi helada, pero me sentía bien, una energía en mí se despertaba a cada amanecer, me dirigía en «pick up» para ir con prisa hacia la escuela «Hijos del Cielo», una escuela de educación especial donde un grupo de niños, adolescentes y adultos compartían su día en una sociedad que no entiende, como la nuestra, el hecho de padecer una discapacidad. Aún me acuerdo de los lindos ojos de Lencho (al que llamaban loco cuando salía a la calle), o la frialdad de Sandra, una niña de poco más de 5 años que padecía Síndrome de Down y grandes problemas con su pequeño corazón. O a Toño, un adulto de casi 50 años que, sin saber por qué, vivía en un profundo autismo. Jamás oí su voz, pero mi interior se empeñó en escuchar lo que sus ojos y su alma querían reflejar. Por todos ellos me sentí en ocasiones una chica privilegiada, porque con ellos aprendí que la sonrisa debe estar presente incluso en los momentos de más dureza y amargura de la vida. Fue sólo un mes, un mes corto pero intenso, un mes que jamás olvidaré. Guatemala, un lugar donde aprendí de aquellos más necesitados cosas que en la civilización en la que hoy vivimos no he llegado a aprender durante los 21 años que tengo, mi ilusión se vuelve a repetir, otro sueño día tras día de volver a aquellos que me enseñaron a ser feliz con simplemente sonreír.

alrededor de – más o menos
la regadera – *Gießkanne*
el amanecer – *Tagesanbruch*
con prisa – sin tiempo
la frialdad – *Kälte, Distanziertheit, Gleichgültigkeit*
padecer – *leiden an*
empeñarse en hacer algo – *etwas unbedingt tun wollen*
la amargura → amargo *(bitter)*

1 ¿A quién se refieren estas frases? Marca con cruz (✗) la respuesta correcta.

	Ana Isabel	Alex	Marcela
Aprendió que para ser feliz no se necesita más que unas sonrisas.			
Su experiencia más importante era la de llegar a saber que se puede vivir con muy poco.			
Sobre todo quiso conocer otra forma de vivir.			
Trabajó con niños de menos de tres años.			
Cuando vio a los niños alegres, pensó que tendrían un buen futuro.			
Trabajó con personas discapacitadas.			

2 ¿Qué información **no** está en el texto? Marca con cruz (✗) la respuesta correcta.

a Texto 1

- ☐ Los voluntarios juegan con los niños o van a parques con ellos.
- ☐ En la Prisión Provincial de Málaga hay una guardería.
- ☐ Los niños pueden vivir en la cárcel hasta los tres años.

b Texto 2

- ☐ Los caminos hacia el pueblo en la montaña son muy estrechos.
- ☐ En el pueblo no hay bares ni tiendas.
- ☐ Hay una pequeña escuela en el pueblo.

c Texto 3

- ☐ A veces Marcela sentía una profunda tristeza al trabajar en la escuela porque las personas allí casi nunca reían.
- ☐ En la escuela «Hijos del Cielo» no sólo hay niños.
- ☐ Aunque Marcela se levantaba temprano, no se sentía cansada.

3 ¿Has entendido bien lo que dicen? Después de haber leído los textos sobre las experiencias de Ana Isabel, Alex y Marcela puedes responder a las siguientes preguntas:

a ¿Por qué necesitan ayuda los niños en el programa «Abriendo Puertas»?

____

____

b ¿Por qué está Ana Isabel nerviosa de camino a la prisión?

____

____

c ¿De qué diferencias entre su vida en Jujuy y en su casa habla Alex?

____

____

d ¿Cómo acogían los habitantes de los pequeños pueblos en las montañas a Alex?

____

____

e ¿Qué tipo de problemas tienen las personas que van a la escuela «Hijos del Cielo»?

____

____

f ¿Qué es lo que aprendió Marcela de las personas con las que trabajaba?

____

____

M 2 Estudiar y viajar en el extranjero

¿Qué es InternationalExchange.com?
En esta página web encontrarás la información útil y necesaria para vivir y estudiar en el país que selecciones. InternationalExchange está pensado para estudiantes de todo el mundo interesados en salir a estudiar al extranjero, informa sobre centros de enseñanza, programas de estudios, alojamiento para estudiantes, familias anfitrionas e intercambio de idiomas en casi todos los países del mundo. También encontrarás guías de países con información actualizada y útil para la estancia *(Aufenthalt)* en el extranjero.

BASE DE DATOS

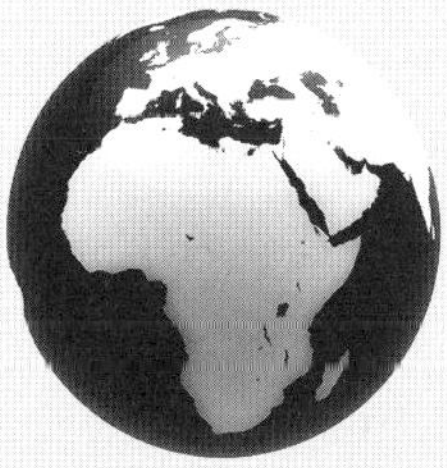

¡Tenemos más de cuatro mil institutos de ESO y bachillerato en nuestra base de datos para estudiar en el extranjero!

Búscalos y encuéntralos por país, ciudad, tipo de instituto, curso y asignaturas que quieres hacer.

*** Nuestro último país es ***
COLOMBIA

Para más información pulsa **aquí**

Escuela Internacional de Gerencia Hotelera Las Rocas de Málaga
te ofrece la oportunidad de aprender todo lo necesario en la organización de un hotel. Una formación profesional para chicos de todo el mundo a partir de los 16 años. Podrás aprender trabajando, aprender idiomas hablándolos además de vivir en la privilegiada Costa del Sol. ¡Será una experiencia única!

Para más información pulsa **aquí**

Conocer a gente de otras culturas
Si no puedes viajar y vivir en otro lugar, eso no es un obstáculo para conocer e intercambiar experiencias con personas de otras culturas e idiomas diferentes. Otra forma de viajar sin moverte de tu casa tanto por Internet como en persona en tu propio país y ciudad.

¡Date de alta en nuestra base de datos y ponte en contacto con gente con tu perfil!

Para más información pulsa **aquí**

¿Tienes alojamiento para alquilar a estudiantes o eres estudiante que busca alojamiento?

Date de alta como estudiante de intercambio que busca familia anfitriona o date de alta para ofrecer tu hogar como familia anfitriona.

¡La mejor forma de conocer una nueva cultura o practicar una lengua es convivir con ellas!

Si tienes interés, pon tu anuncio de alojamiento **aquí**

1 Marca con cruz (✗) la respuesta correcta.

a ¿Recuerdas estos conceptos relacionados con la educación en España?

ESO

- ☐ Educación Separada Observada
- ☐ Educación Secundaria Obligatoria
- ☐ Enseñanza Secundaria Opcional

bachillerato

☐ persona que estudia para ir a la universidad
☐ dinero que se puede obtener para estudiar en el extranjero
☐ dos cursos después de la ESO para prepararse para la universidad

formación profesional

☐ prácticas en una empresa antes de desarrollar una profesión
☐ curso obligatorio de orientación para la profesión futura
☐ alternativa educativa al instituto para aprender una profesión

b Estas palabras son quizá nuevas para ti. Busca la respuesta más adecuada con la ayuda del texto.

obstáculo

☐ una alternativa
☐ una dificultad o un problema
☐ una posibilidad

alojamiento

☐ lugar donde se puede dormir y vivir (hotel, apartamento...)
☐ medio de transporte
☐ jardín u otro lugar al aire libre

darse de alta

☐ inscribirse en algún lugar
☐ levantarse de un lugar
☐ persona de mucha altura

familia anfitriona

☐ familia que ofrece su casa
☐ familia que visita a otra familia
☐ familia que busca alojamiento

base de datos

☐ fecha básica de un evento
☐ lista con una información determinada (nombres, lugares...)
☐ información básica sobre algo

2 ¿Sabes cómo encontrar la información que necesitas en el texto de Internet anterior? Responde a las preguntas siguientes con una o más frases completas.

a ¿Qué servicios ofrece InternationalExchange?

b ¿Para quién está pensado?

c ¿Hay alternativas si no quieres o puedes salir de tu país? Si es así, di cuáles.

d ¿Dónde se puede hacer una formación profesional y de qué tipo es?

e ¿Qué puedes hacer si buscas una habitación en casa de una familia mientras estudias en el extranjero?

M 3 Trabajando en el extranjero

➤ *¿Qué es una au pair?*

Una au pair es una persona soltera entre 18 y 28 años de edad. Normalmente son estudiantes universitarias o pre-universitarias que quieren mejorar/aprender el español y conocer nuestra cultura. Las personas au pair colaboran en el cuidado de los niños y en las tareas domésticas (bajo ningún concepto trabajos pesados) durante unas 30–40 horas a la semana a cambio de: alojamiento, manutención y un dinero de bolsillo semanal (entre 65–100 euros a la semana según horas de trabajo y posibilidades de la familia).

➤ *Los perfiles de las candidatas au pair:*

Son chicas de la Unión Europea, de países como Alemania, Italia, Países Bajos, Francia, Republica Checa, Hungría, etc. Normalmente tienen niveles muy altos de inglés y medio de español, con experiencia en cuidado de niños, ya sea porque hacen de canguros con regularidad, porque dan clases particulares, han sido monitoras de campamentos o porque tienen experiencia au pair en otros países (normalmente UK, Irlanda o USA). Siempre aportan referencias.
Muchas de las candidatas tienen carné de conducir y experiencia conduciendo.

➤ *Lo que puede hacer una au pair para su familia:*

Una au pair puede encargarse de los niños, llevarlos y traerlos del colegio, jugar con ellos, bañarlos, llevarlos a la piscina/playa, enseñarles un idioma, mantener ordenado el cuarto y la ropa de los niños, preparar comidas sencillas para los niños y colaborar en el mantenimiento del hogar: limpieza, plancha, recoger cocina y mesa, según necesidades de la familia durante unas 30–35 horas a la semana. Además de hacer de canguro 1 ó 2 noches por semana.

➤ *Tiempo para aprender y disfrutar:*

En todo momento la persona que se hospeda en una familia tiene que sentirse bien acogida, tener suficiente tiempo libre para hacer amigos, conocer los alrededores y atender cursos de idiomas. La familia de acogida tiene que hacer todo lo necesario para que su estancia sea lo más agradable posible.

Fuente: http://www.servihogar.org/1252/index.html (adaptado)

1 Busca las palabras españolas en el texto.

das Taschengeld ______________________

der Führerschein ______________________

die Umgebung ______________________

die Haushaltsführung ______________________

der Babysitter

die Verpflegung ______________________

mitarbeiten ______________________

ledig __________

die Unterkunft __________

die Hausarbeiten __________

2 Corrige las frases que sean falsas.

a Una au pair procede normalmente de Europa y Estados Unidos.

b Las chicas au pair tienen menos de 28 años.

c Una au pair tiene que hacer todo tipo de trabajo en casa.

d A pesar de darles dinero de bolsillo a las chicas au pair, los gastos como son la comida y el alojamiento también los paga la familia.

e Una au pair sólo cuida a los niños cuando están en casa.

f Aunque trabaja todo el día, aún le queda tiempo para salir.

g No se necesita experiencia para hacer este trabajo.

3 Después del bachillerato quieres pasar unos meses en el extranjero. ¿Cuál de las opciones presentadas en esta sección te gustaría más: voluntariado, estudiar en el extranjero o trabajar como au pair? Justifica tu respuesta.

Kompetenzbereich: *Comprensión Oral*

M 1 La vida de los niños y jóvenes en la calle

Los alumnos del Instituto de Educación Secundaria Miguel de Cervantes de Madrid organizan, con la ayuda de sus profesores, una recaudación *(Sammlung)* de dinero y material escolar para la ONG (**O**rganización **N**o **G**ubernamental) «Perspectivas» de Ecuador. Esta ayuda a chicos y chicas que viven en la calle a salir de ella y a buscar una vida mejor. Para recaudar fondos y concienciar *(sensibilisieren)* a la gente, la radio local Radio Alcobendas habla del tema con Fernando Chávez, que trabaja en dicha ONG.

1 Lee el vocabulario nuevo.

mendigar	pedir dinero
huir	*fliehen*
el terremoto	*Erdbeben*
desnutrido/a	*unterernährt*
el arma	*Waffe*
inhalar pegamento	*Klebstoff schnüffeln*
el abuso	*Missbrauch*
mantener a alguien	darle comida, ropa, etc. a alguien
el huérfano	niño cuyos padres han muerto
vigilar	*bewachen*
la manta	*Decke*
la herida	*Wunde*
la náusea	*Übelkeit*
ser adicto	*abhängig* sein

Escribe tres frases sobre el tema «Vivir en la calle» utilizando algunas de las palabras nuevas.

2 Escucha el texto. Marca con cruz (✗) la respuesta correcta.

a En Asia y en toda Europa viven en la calle
- [ ] 25 millones de niños.
- [ ] 40 millones de niños.
- [ ] 50 millones de niños.

b Las catástrofes que hacen que las familias se separen son
- [ ] políticas.
- [ ] naturales.
- [ ] ambas.

c Mientras duermen

- ☐ ponen los zapatos debajo de la cabeza.
- ☐ no se quitan los zapatos.
- ☐ son despertados por la policía.

d Fernando Chávez pide material y dinero para los niños

- ☐ para que salgan de la calle lo antes posible.
- ☐ para ofrecerles un lugar protegido.
- ☐ para que aprendan a leer y escribir.

3 ¿Verdadero o falso? Si la afirmación es falsa, ¡corrígela!

a Los padres de Michla están muertos.

☐ verdadera ☐ falsa: ______________________

____

b Pedro se droga para no sentir dolor.

☐ verdadera ☐ falsa: ______________________

____

c En Sudamérica al menos 60 millones de niños viven en la calle.

☐ verdadera ☐ falsa: ______________________

____

d Los niños de la calle pasan todo el día en la calle sin hacer nada.

☐ verdadera ☐ falsa: ______________________

____

e Es una ventaja si un niño de la calle tiene un hermano menor con aspecto dulce.

☐ verdadera ☐ falsa: ______________________

____

f Los niños de la calle son protegidos por la policía.

☐ verdadera ☐ falsa: ______________________

____

4 Responde a las preguntas siguientes con una o más frases completas.

a ¿Qué es un niño de la calle?

b ¿Por qué están los niños en esta situación?

c ¿Qué hacen para ganar dinero?

d ¿Qué hacen para encontrar algo de comer?

e ¿Dónde duermen?

f ¿A qué problemas se enfrentan?

g ¿Qué drogas toman y por qué?

5 ¿Les darías dinero u otro tipo de ayuda a los alumnos del colegio para su proyecto? ¿Por qué (no)?

M 2 El sistema educativo de España y los cambios

1 En el texto que vas a escuchar aparecen palabras que son nuevas para ti. Pero con la ayuda de tus conocimientos de otras lenguas o del contexto puedes entenderlas.

palabra nueva	lo que te puede ayudar	en alemán
el absentismo escolar	inglés: *absent, school*	
prolongar	inglés: *long*	
tardar en hacer algo	español: *tarde*	
el portavoz (de un grupo)	español: *portar, la voz*	
una cosa obligatoria	palabra parecida en alemán	
subvencionar algo/a alguien	palabra parecida en alemán	
rechazar	estar en contra	
aumentar las subvenciones	dar más subvenciones	
potenciar una cosa	darle más a esta cosa	

2 El texto que vas a escuchar habla de la enseñanza. Seguro que ya sabes algunas cosas sobre el sistema español. Rellena el esquema.

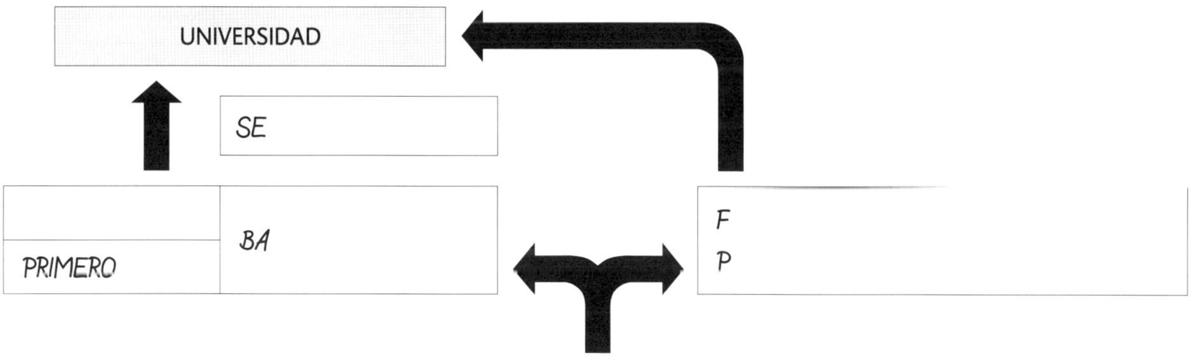

edad	curso	etapa de educación	EDUCACIÓN OBLIGATORIA
de 15 a 16 años			
de 14 a 15 años		E	
de 13 a 14 años		S	
de 12 a 13 años	PRIMERO	O	
de 11 a 12 años			
de 10 a 11 años			
de 9 a 10 años			
de 8 a 9 años		EDUCACIÓN PR	
de 7 a 8 años			
de 6 a 7 años	PRIMERO		

3 Escucha el texto y responde marcando la respuesta correcta con una cruz (✗).

a Hasta ahora la edad para la educación obligatoria es
- [ ] los 16 años.
- [ ] los 17 años.
- [ ] los 18 años.

b ¿Qué otros países tienen ya esta reforma?
- [ ] Francia.
- [ ] Portugal.
- [ ] Italia.

c ¿Cuándo se pondría en funcionamiento la reforma educativa?
- [ ] Ahora mismo.
- [ ] Entre este y el próximo curso.
- [ ] Después del próximo curso.

d ¿Qué dice la oposición respecto a la propuesta?
- [ ] No está totalmente en contra, pero ve asuntos más importantes.
- [ ] Está totalmente en contra.
- [ ] Está a favor y quiere realizar el plan inmediatamente.

e El partido de la izquierda está
- [ ] a favor.
- [ ] en contra.
- [ ] ni a favor ni en contra.

4 ¿Qué ventajas y desventajas tendría la reforma?

5 ¿Qué otras reformas de la enseñanza son discutidas actualmente?

6 El texto habla sobre la «generación nini».

a ¿Quiénes son los que forman parte de este grupo y por qué son llamados así?

b ¿Existe en tu país también una «generación nini»? ¿Qué harías para mejorar la situación?

M 3 Una vida nueva – el viaje a lo desconocido

1 Para acercarte al tema vamos a escuchar unas experiencias de chicos de tu edad que han emigrado a otros países. Antes de escuchar: ¿qué sabes ya o qué piensas tú?

a ¿Por qué se van?

____

____

____

b ¿Cómo es la realidad en el país de sus sueños? ¿Qué problemas tienen allí?

____

____

____

2 En el texto aparecen palabras nuevas. ¿Qué significan? Relaciona las columnas.

1. los extranjeros **censados**	A. ayuda
2. los **estratos** sociales	B. diez años
3. las **afueras** de una ciudad	C. animal que vive en la playa y camina hacia atrás
4. **aprender un oficio**	D. los alrededores
5. ponerse rojo como un **cangrejo**	E. registrados
6. la **década**	F. hacer una formación
7. el **flujo** migratorio	G. clases
8. **abrirse camino**	H. reírse
9. **establecerse**	I. vivir en un lugar de forma permanente
10. la ciudad **natal**	J. empezar algo
11. **hacerle bromas** a alguien	K. de origen
12. la clase de **apoyo**	L. movimiento
13. la **embajada**	M. ser de un lugar
14. **proceder de**	N. representación diplomática de un país

3 Completa los datos o elige las respuestas adecuadas según el caso.

- Los emigrantes vienen a España porque se necesitan ______________ con su cualificación o porque desean vivir con mayor ______________ .
- El ______ % de la población española es extranjera.
- El reportaje es sobre los primeros meses/el primer año/los dos primeros años en España.
- Abdou se está ______________ a su nueva vida.
- Trabajó dos meses/dos años/un año para poder pagar el viaje.
- Dmitri habla mal/bien español.
- Su padres emigraron hace __________ años.
- Está en primero de la ESO/segundo de la ESO/primero de bachillerato.
- El abuelo de Gabriela emigró en los años __________ .
- Los compañeros de clase se ríen de ella por su acento/por su aspecto físico.

4 Completa el texto con la información que has escuchado.

Abdou

lugar de procedencia: ______________

edad: ______________

dónde vive actualmente: ______________

cómo llegó: ______________

planes para el futuro: ______________

Dmitri

lugar de procedencia: ______________

edad: ______________

dónde vive actualmente: ______________

cómo llegó: ______________

planes para el futuro: ______________

GABRIELA

lugar de procedencia: ______________________

edad: ______________________

dónde vive actualmente: ______________________

cómo llegó: ______________________

planes para el futuro: ______________________

5 Los autores del reportaje de la revista «Nuevo Mundo» se plantean las mismas cuestiones que tú en el ejercicio 1. Ahora Abdou (A), Dmitri (D) y Gabriela (G) responden. ¿Qué dicen?

¿Por qué han emigrado?

A: ______________________

____

D: ______________________

____

G: ______________________

____

¿Ya se han integrado en el nuevo país? ¿Por qué (no)?

A: ______________________

____

D: ______________________

____

G: ______________________

____

6 Escribe algunas frases sobre lo que más interesante te ha parecido de cada uno de los chicos de la audición.

ABDOU

____

____

____

____

DMITRI

____

____

____

____

GABRIELA

____

____

____

____

7 Rellena este texto de resumen sobre el tema de la emigración con las palabras que has escuchado en las audiciones.

En los últimos diez años España se ha convertido en un país de *in*______________. Muchos jóvenes *ext*______________ (procedentes de diferentes países) llegan a España buscando *lib*______________ o una vida mejor. Cada uno tiene diferentes razones para salir, y, en muchos casos, huyen de sus países de *ori*__________.

La *lle*______________ a un nuevo lugar con nuevas costumbres y a veces nuevo idioma no es siempre fácil. Un periodo de *ada*______________ es siempre necesario, aunque se comparta la misma lengua. En la mayoría de los casos las personas que proceden de un país que no pertenece a la Unión Europea necesita un *per*____________ de residencia para poder quedarse. Este documento permite *re*____________ sin ningún problema en España u otro país europeo.

El viaje para las personas que vienen de países subsaharianos como Senegal o Malí es *pel*____________ ya que viajan en *pa* ____________, pequeñas embarcaciones poco seguras y normalmente llenas de personas que quieren llegar a la costa para *qued*__________. *Ab*______________ a la familia no es nada fácil, pero para muchos es la única oportunidad para llevar una vida mejor. Una vez que se ha llegado a la costa española, el viaje sólo acaba de empezar. Es el momento de la verdadera lucha: conseguir los *pa*____________ y quizá algún día llegar a tener la *na*______________ española, francesa, alemana o lo que sea. Sin embargo, siempre aunque se consiga todo lo que se busca, se sigue echando de *me*__________ a la familia, a los amigos y la propia cultura.

Kompetenzbereich: *Uso de la Lengua*

M 1 Cambios en la vida: de niño a adulto

1 Escribe todas las palabras que relaciones con cada una de las etapas de la vida.

a

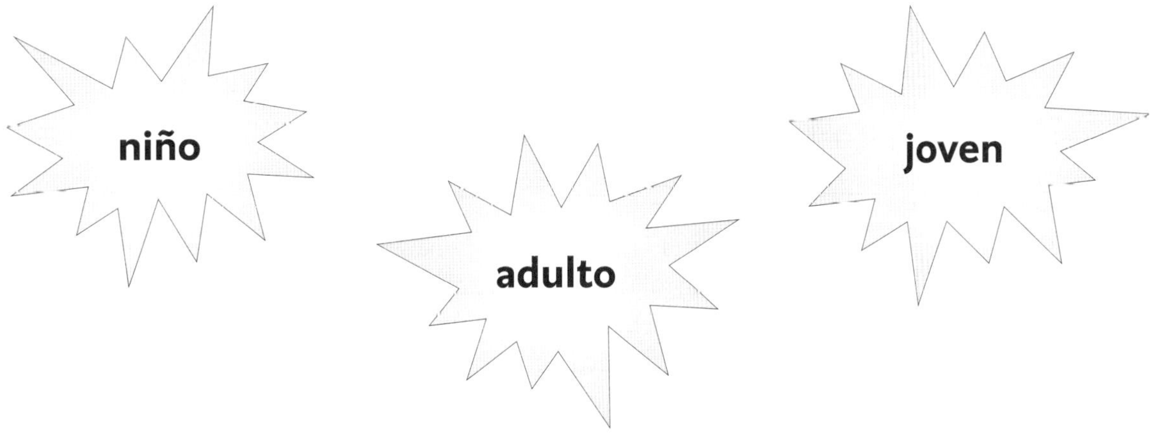

b Describe tu vida de niño o niña. Utiliza el **imperfecto** (para describir) y el **indefinido** (para acciones).

Cuando era pequeño/a, yo ____

____

Recuerdo que un día ____

____

____

c De todas las palabras que has escrito sobre ser joven escribe tres frases que te definan a ti personalmente. Utiliza el **presente**.

____

____

____

____

d ¿Cómo te imaginas tu vida de adulto? Utiliza el **futuro**.

____

____

____

____

____

M 2 Hotel Mamá

Cuando los hijos no quieren abandonar el nido

La falta de estabilidad laboral, la extensión en la edad de contraer matrimonio, el miedo a enfrentar el mundo y la opción de ahorrar son algunos de los factores por los que jóvenes, de entre 25 y 30 años, han postergado la decisión de irse a vivir solos.
La futura abogada, Gabriela Pérez Espinoza (27), hija de padres separados, nos cuenta las razones y las ventajas de permanecer aún en el hogar paterno. Gabriela considera fenomenal estar todavía en la casa de su papá: «Yo prácticamente vivo sola porque puedo hacer lo que quiero y la ventaja es que tengo todas las necesidades satisfechas. No tiene nada de malo vivir con los papás, todos mis amigos aún lo hacen».
Si bien nunca ha vivido sola, no descarta la posibilidad de hacerlo. Considera que la independencia sirve para madurar, para aprender a controlar los gastos, para prepararse a vivir en pareja y para compartir con otros. Ante la posibilidad de irse de la casa, la futura abogada manifiesta que preferiría vivir con mujeres, aunque no se niega a la posibilidad de compartir el hogar con hombres. Pero, en cualquiera de las dos situaciones tomaría un papel dominante. «Me gusta organizarlo todo, partiendo por establecer horas de llegada para respetar a las personas que tienen que trabajar, así como también las horas de la comida». Para los hijos regaloneados por los papás no es sencillo tener que comenzar a vivir solos, sobre todo si siempre les han hecho las cosas. «No es mi caso», dice Gabriela, «puedo hacer todas las labores domésticas absolutamente sola».

Por Paz Correa Pavez (adaptado), www.elsur.cl

laboral – del trabajo; contraer matrimonio – casarse; enfrentar una cosa – *sich einer Sache stellen*; postergar – dejar para más tarde; permanecer – quedarse; paterno – de los padres; descartar – *ausschließen*; negarse a algo – decir no; regalonear – *verwöhnen*

1 Comprensión del texto

a ¿Por qué los jóvenes no quieren irse de casa? ¿Qué causas nos da el texto (ver ll. 1–4)? Forma dos frases con **porque** y dos con **como**. ¡Cuidado con la sintaxis *(Satzbau)*!

____

____

____

____

____

b Diez años más tarde, Gabriela vive sola en un piso, habla del tiempo cuando vivía con su padre (ver ll. 5–13). Escribe lo que ella piensa de ese tiempo. ¡Cuidado con los tiempos del **pasado**!

____

____

____

____

____

c Gabriela le explica a una amiga qué expectativas tiene de las personas con las que compartirá un piso algun día (ver ll. 13–19). Utiliza verbos como **querer, exigir, pedir, esperar + subjuntivo**.

____

____

____

____

2 Gramática

a Oraciones condicionales del presente y del pasado. Pon las formas verbales que correspondan.

Los jóvenes __________ (irse) más temprano de casa si __________ (haber) trabajos estables, si no __________ (tener) miedo y si __________ (casarse) antes. Si los padres de Gabriela no __________ (separarse), no __________ (quedarse) en casa de su padre. Si ahora __________ (salir) de casa, __________ (preferir) vivir con mujeres. Si __________ (compartir) un piso con otros, __________ (establecer) reglas, por ejemplo __________ (fijar) horas de comida.

Gabriela reconoce que, entre otras cosas, __________ (aprender) a controlar sus gastos si __________ (vivir) sola. Piensa que muchos jóvenes tienen problemas cuando se quieren independizar. Si sus padres no los __________ (regalonear) cuando eran pequeños, __________ (ser) ahora más fácil para ellos vivir solos.

b ¿Y qué piensa el papá de Gabriela? Pon las formas de los verbos: ¿subjuntivo o indicativo?

«Ahora en cierto modo es evidente que mi hija __________ (tener) bastante responsabilidad ya que ha pasado a ser 'la dueña de casa'. Sin embargo, creo que ella __________ (deber) buscar la independencia, aunque eso __________ (significar) irse. Está claro que un día __________ (independizarse), pero cuando __________ (irse), no quiero que __________ (sentirse) culpable por dejarme. Me importa mucho que __________ (desarrollarse) bien tanto personal como profesionalmente. De momento se siente bastante bien en mi casa. Veo que le gusta mucho que nosotros __________ (hablar) por la noche y que, por ejemplo, __________ (comentar) lo que estamos viendo en la tele. Cuando yo era joven, era muy importante para mí que mis padres me __________ (respetar). Les pedí que me __________ (dejar) más libertades, pero me controlaron mucho. Creo que soy diferente. Vivo con mi hija como si __________ (vivir) con alguien de mi misma edad.»

M 3 La lengua de los jóvenes

Los jóvenes están desarrollando nuevas formas de comunicarse a través de los móviles e Internet. Su lenguaje es sobre todo corto y práctico y lo tenemos que considerar como una realidad que va a influir en la evolución de la lengua y de la gramática. El diccionario SMS (www.diccionariosms.com) fue creado con el objetivo de recopilar *(sammeln)* los términos y abreviaturas *(Abkürzungen)* que utilizan millones de jóvenes diariamente. Es una iniciativa de la Asociación de Usuarios de Internet para el Día de Internet que se celebra el 25 de octubre.

1 Relaciona las abreviaturas con su significado en español.

por · cuando · adiós · porque · además · nos vemos después · más · también · saludos · para · te quiero mucho · nada · no te preocupes · que

+	______	a2	______
a+	______	salu2	______
tmb	______	nd	______
q	______	qndo	______
tkm	______	xa	______
xq	______	x	______
ns vms dsps	______	ntp	______

2 ¿Qué sentimiento expresan estos emoticonos? Relaciona las frases con los emoticonos y escribe el sustantivo correspondiente.

:'(:(:D   :)   :S

- Pepe está **triste** porque su novia lo ha dejado.

  emoticono: ______

  sustantivo: ______

- Marisa **está llorando** mientras pela cebollas.

  emoticono: ______

  sustantivo: ______

- Manuel y Jimena **han confundido** la hora de quedar, por eso no se han encontrado.

  emoticono: ______

  sustantivo: ______________________

- Julia ha aprobado el examen, por eso **está muy contenta**.

  emoticono: ______

  sustantivo: ______________________

- Siempre que paso por delante de él, me **sonríe**.

  emoticono: ______

  sustantivo: ______________________

3 «Traduce» el sms siguiente al español.

4 Escribe tú un sms a uno de tus amigos en el que lo saludas, le preguntas cómo está, le preguntas qué hace esta tarde y te despides. Puedes usar también algunos emoticonos.

5 El mundo de los sms ha cambiado la forma de escribir. Muchos profesores se quejan de que los alumnos escriben con abreviaturas de tipo de sms incluso en los exámenes. ¿Y tú qué opinas? ¿Es un problema este estilo sms? ¿Tenemos que evitar estos cambios en la lengua?
Escribe cinco frases usando las expresiones de opinión siguientes (¡cuidado si las escribes en afirmativo o en negativo!): (no) pienso que… (no) creo que… (no) opino que…

M 4 Los jóvenes y el tiempo libre

1 ¿Qué planes tienen para el fin de semana? Utiliza el futuro.

GONZALO

MARÍA

MIREIA Y JULIA

JULIÁN

2 Vas a ver que muchos jóvenes españoles tienen otros planes. Se reúnen en la calle para hacer botellón.

EL BOTELLÓN LLENA NUESTRAS CALLES

Los fines de semana miles de jóvenes quedan con amigos en lugares determinados de las ciudades españolas. Quedan para beber, fumar y pasarlo bien al ritmo de su música preferida. Y llevan bebida, tabaco y comida como patatas fritas. Para quedar normalmente se envían sms o lo hacen por correo electrónico.
Escuchan música y los vecinos no pueden dormir. Los vecinos protestan y les da igual a los jóvenes.
La policía controla, los jóvenes todavía hacen botellón, el fenómeno continúa. Ya no dejan tanta basura, pero otra vez escuchan música a tope.
Es un problema para los vecinos, pero también para los jóvenes. Hay chicos que no pueden controlar el consumo de alcohol, y beben solos durante la semana, no solamente los fines de semana con los amigos. Hay que hacer algo. Los ayuntamientos de las ciudades pueden ofrecer diferentes opciones para estos jóvenes, pueden organizar fiestas sin alcohol, abrir casas de cultura y ofrecer deporte de equipo. Y las familias deben comunicarse con sus hijos.
Tienen que enseñarles a los jóvenes a ver las diferentes posibilidades que el tiempo libre les puede ofrecer y ayudarles a que solucionen sus problemas por sí mismos y no con alcohol como salida fácil para olvidarse de las frustraciones.
Bueno, los jóvenes quieren disfrutar de la vida, de su tiempo libre con amigos, pero es necesario que estén informados de los peligros que el beber sin control puede tener.

Mejora el estilo del texto utilizando conectores y perífrasis verbales.

a Relaciona los **conectores** con su significado en alemán.

1. además	A. *trotzdem*
2. también	B. *dagegen*
3. incluso	C. *weswegen, weshalb*
4. no sólo… sino también	D. *kurz (und gut)*
5. pero	E. *obwohl*
6. en cambio	F. *auch*
7. por lo que	G. *sogar*
8. aunque	H. *aber*
9. sin embargo	I. *außerdem*
10. por una parte… por otra	J. *zum Schluss*
11. por último	K. *einerseits … andererseits*
12. en resumen	L. *nicht nur … sondern auch*

b Escribe la perífrasis adecuada en cada situación: **seguir + gerundio, dejar de + infinitivo, volver a + infinitivo**.

Ángel antes fumaba, pero ahora ya no fuma. → ______________________________

Cuando lo conocí, fumaba y hoy todavía fuma. → ______________________________

Antes no fumaba, ahora ha empezado otra vez. → ______________________________

c Ahora ya recuerdas los conectores y las perífrasis. Usa algunos de ellos para mejorar las partes en gris del texto sobre el botellón.

____

____

____

____

____

____

____

____

____

3 Reformula las frases usando **después de (que), antes de (que), sin (que)** und **hasta (que)**.

a Luis y Teresa quedaron con amigos para salir el sábado. Antes habían llamado a sus padres.

b Gonzalo terminó a las cinco el instituto. A las ocho quedó con sus amigos.

c A María y Guillermo no les gustó la película. Salieron del cine antes de terminar la película.

d Marisa esperará a Julia. Julia sale de su clase de alemán a las nueve.

e Jorge tenía un examen. Antes, Manolo estudió muchísimo con él.

4 ¿Por o para? Marca la preposición correcta.

a **Por/Para** beber demasiado Luis estuvo enfermo toda la semana.

b ¿Qué hacemos este fin de semana? **Por/Para** supuesto salimos.

c Me he comprado un nuevo mp3 **por/para** poco dinero.

d El sms que envió mi novio no era **por/para** mí.

e Los padres piensan que no necesitamos mucho dinero **por/para** salir.

f El tiempo libre es fundamental **por/para** los jóvenes.

g Gracias **por/para** el regalo. Un móvil con cámara **por/para** hacer fotos era lo que quería.

h No sólo salimos **por/para** hacer botellón, **por/para** ejemplo nos reunimos **por/para** ver una película en casa de amigos.

Kompetenzbereich: *Producción Oral*

M 1 Los jóvenes y el cine

1 ¿Qué hiciste el fin de semana pasado?
Habla libremente de lo que hiciste el fin de semana. Haz una o dos frases sobre cada uno de estos momentos del fin de semana. Puedes escribir unas notas para hacer tus frases de forma oral.

- El viernes después del instituto ______________________________

  ____
- El sábado por la noche ______________________________

  ____
- El domingo por la tarde ______________________________

  ____

2 ¿Nos vamos al cine?
En el centro comercial del barrio ponen estas tres películas. Mira la carátula *(Filmplakat)* y lee el argumento de cada una de las películas.

Mentiras y gordas

Un grupo de jóvenes se prepara para lo que va a ser el verano de su vida, entre secretos, mentiras, sexo, confusión, noche y fiesta. No son conscientes que en ese viaje iniciático una vez comenzado no se puede echar marcha atrás, que las mentiras se van haciendo cada vez más grandes y que amar significa hacer daño.

* * * * *

Drama de Alfonso Albacete y David Merkes. Con: Mario Casas, Ana de Armas, Yon González, Ana María Polvorosa, Marieta Orozco, Hugo Silva, Duna Jové, Esmeralda Moya, Miriam Giovanelli.

ser consciente de algo – *sich einer Sache bewusst sein;*
un viaje iniciático – *Initiationsreise (eine symbolische Reise von der Welt des Kindes in die Welt des Erwachsenen);*
echar marcha atrás – *den Rückwärtsgang einlegen*

¿Qué te sugiere la foto de la carátula? ¿Por qué piensas que la han elegido? Discute tus ideas con tu compañero.

Yo soy la Juani

Juani, una adolescente del extrarradio, tiene problemas en su casa y discute con su novio; no hay quien lo aguante. Están juntos desde los quince años, sus celos y sus indecisiones son insoportables. Juani explota, lo deja y decide hacer todo lo que no ha hecho mientras ha estado perdiendo el tiempo con él. Harta de conformarse y de tanta tontería, lo que ella quiere es ir adelante y triunfar en esta vida. Va a ser actriz y que nadie lo dude, porque lo conseguirá, que quede muy claro, ella es la Juani y la Juani es lo +.

* * * * *

Drama del director Bigas Luna. Con: Verónica Echegui, Laya Martí, Dani Martín, Gorka Lasaosa, José Chaves, Mercedes Hoyos, Manuel Santiago, Marcos Campos, Ferrán Madico.

el extrarradio – *Außenbezirk*; aguantar a alguien – *jdn. ertragen*; el celo – *Eifersucht*; insoportable – *unerträglich*; conformarse – *sich anpassen*; la tontería – *Dummheit*

En la carátula de la película «Yo soy la Juani» hay diferentes elementos que se mencionan en la sinopsis *(Zusammenfassung)*. ¿Hay algunos más? ¿Por qué los han elegido? Búscalos y explícalos.

Tapas

Historias de personas reales, «comunes», que los directores retratan con humanidad. 5 historias se entrelazan en un barrio de la gran ciudad. 5 mundos unidos en el día a día, con el bar, los comercios y el mercado como punto neurálgico. El miedo a la enfermedad o la soledad de Mariano y Conchi, dos jubilados del barrio; la esperanza y tristeza de Raquel, mujer de mediana edad que vive su amor vía Internet; la incertidumbre del futuro de César y Opo, dos jóvenes que trabajan en el supermercado del barrio; o el descubrimiento por parte de Lolo de que hay algo más que su bar a lo largo de su relación con su cocinero Mao nos conducen a través de la vida de un barrio de trabajadores en un guión lleno de ternura, comedia y amargura.

* * * * *

Comedia dramática de José Corbacho y Juan Cruz. Con: Ángel de Andrés López, Anna Barrachina, Alberto de Mendoza, Elvira Mínguez, María Galiana, Amparo Moreno, Rubén Ochandiano.

retratar – *porträtieren*; entrelazarse – *sich verflechten*; la incertidumbre – *Unsicherheit*; la ternura – *Zärtlichkeit*; la amargura – *Bitterkeit*

Relaciona la carátula con la información que está en el texto: ¿Dónde es la escena y dónde pueden estar Conchi, Raquel y César? Ves a Opo en el suelo a la derecha. ¿Qué le habrá pasado?

a Ahora que has leído los argumentos, en grupos de tres llegad a un acuerdo de qué película queréis ir a ver y por qué. Cada uno presenta su opción y sus argumentos. Escribe primero las ideas principales que luego vas a desarrollar delante de tu grupo.

b Apunta brevemente las ideas del grupo sobre lo que ha decidido. Una persona del grupo expone en pleno los resultados.

3 Debate en la tele de la escuela: ¿es mejor ver una película en casa o en el cine? Ventajas y desventajas. Se divide la clase en grupos de cinco alumnos: un coordinador, dos a favor de ver películas en casa y dos a favor de verlas en el cine. El coordinador tiene que preparar una introducción al tema, apuntar los argumentos durante la discusión y formular una conclusión.

VER PELÍCULAS EN CASA	VER PELÍCULAS EN EL CINE

M 2 Problemas, problemas

1 Imagínate…
Habla por lo menos un minuto sobre uno de los temas siguientes.

- cinco cosas que nunca haría (ni siquiera por mucho dinero)
- un buen amigo
- las cinco cosas más importantes en mi vida
- una escuela ideal
- una profesión ideal

2 ¿Cuáles son los problemas más típicos que tienen los jóvenes normalmente? Haz un listado de tus ideas.

- ______________________________
- ______________________________
- ______________________________

Lee tus propuestas en la clase. ¿Hay muchas diferencias con tus compañeros? ¿Cuáles?

3 Trabajad en parejas. Elegid una de las situaciones siguientes y presentad un diálogo de por lo menos cinco minutos.

a Un hijo/una hija discute con sus padres porque…

… el hijo quiere pasar las vacaciones con sus amigos en un camping, pero sus padres quieren ir a la montaña como cada año.

… la hija quiere ser artista, pero sus padres quieren que sea médica como su mamá.

b Dos jóvenes discuten entre sí porque...

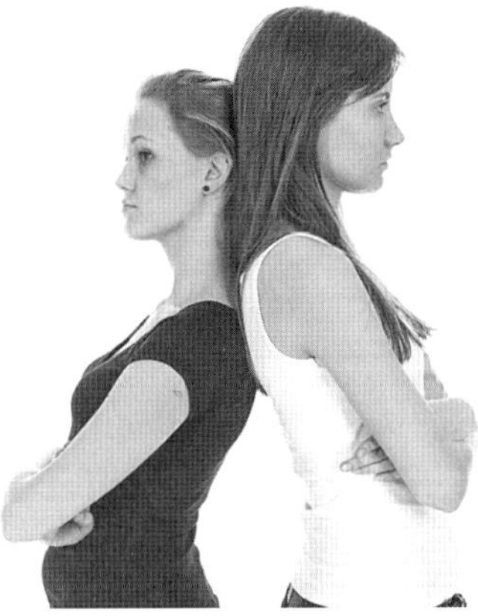

... una chica está enamorada del novio de su amiga.

... un chico quiere salir, su amigo quiere preparar el examen de física.

4 María y Guillermo son hermanos gemelos de 16 años. Han tenido una discusión con sus padres porque

- este sábado se han pasado de la hora y han llegado 45 minutos tarde;
- pasan demasiado tiempo delante de la tele y del ordenador.

En grupos de cuatro elegid un tema y escribid los argumentos de cada personaje. Luego improvisad con los argumentos una discusión delante de la clase.

PADRE	MADRE	MARÍA	GUILLERMO

5 Manuel y Eduardo son dos amigos que hablan sobre sus cosas. Hoy Manuel le cuenta a Eduardo su problema en el instituto. Trabajad en parejas, uno de vosotros es Manuel, el otro es Eduardo. Doblad la hoja y traducid al español. Vuestro compañero corrige.

Manuel
Du begrüßt Eduardo. Du findest es gut, dass ihr alleine seid und nun in Ruhe reden könnt. Du willst ihm nämlich etwas Wichtiges erzählen.
¿Qué ha pasado? ¿Tienes problemas en casa con tus padres? ¿O has tenido problemas en el instituto?
Du fragst, ob er sich daran erinnert, dass du ihm von einem neuen Mädchen erzählt hast, das Juana heißt. Du glaubst, du hast dich in sie verliebt.
¿No sois amigos? ¿Dónde está el problema entonces? ¡Es estupendo estar enamorado!
Du erklärst, dass ihr schon Freunde seid, aber du glaubst, dass sie dich nur als Kumpel mag. Du erzählst, dass sie dich gefragt hat, ob ihr am Wochenende ins Kino geht.
Es una oportunidad para saber si ella siente lo mismo por ti. Le puedes preguntar.
Du erklärst, dass du sehr aufgeregt bist. Du vermutest, dass sie mit dir über etwas reden will, aber du glaubst nicht, dass es um dich geht.
Es necesario que habléis porque no puedes seguir así. Además, hasta ahora nunca has salido con una chica y ya es el momento de cambiar eso ahora.
Du sagst, dass du Angst hast, sie als Freundin zu verlieren, wenn du ihr etwas sagst.
Si es una amiga de verdad, no la perderás. Mucha suerte y llámame después para que sepa qué ha pasado.

Eduardo
Hola Eduardo, ¡qué bien que estamos solos y que ahora podemos hablar tranquilamente! Quiero contarte algo importante.
Du willst wissen, was passiert ist. Du fragst, ob er zu Hause Probleme mit seinen Eltern hat. Oder ob er Probleme in der Schule hatte.
¿Te acuerdas de que te hablé de una chica nueva que se llamaba Juana? Pues creo que me he enamorado de ella.
Du fragst, ob sie denn nicht Freunde sind. Du verstehst nicht, wo das Problem liegt. Es ist doch schließlich toll, verliebt zu sein.
Sí, somos amigos, pero creo que sólo me quiere como amigo. Me ha preguntado si vamos al cine el fin de semana.
Du findest, dass das eine Gelegenheit ist, um herauszufinden, ob sie für ihn dasselbe empfindet. Du schlägst vor, dass er sie ja fragen kann.
Estoy muy nervioso, creo que quiere hablar conmigo de algo, pero no creo que sea de mí.
Du erklärst, dass es wichtig ist, dass sie miteinander reden, weil er so nicht weitermachen kann. Außerdem ist er bisher noch nie mit einem Mädchen ausgegangen und du findest, dass jetzt durchaus der Moment gekommen ist, um das zu ändern.
Tengo miedo de perderla como amiga si le digo algo.
Du bist überzeugt, dass er sie nicht verlieren wird, wenn sie eine echte Freundin ist. Du wünschst ihm viel Glück und bittest ihn, dich dann anzurufen, damit du weißt, was passiert ist.

M 3 Para divertirse…

1 a ¿Qué papel juegan los medios de comunicación en tu vida?

b Aquí tienes una historia. Mira bien las viñetas *(Einzelbilder)* e intenta describir lo que ha pasado en cada una de ellas.

c Las dos amigas tienen dos formas de ver este uso de la tele. ¿Cuál es? ¿Cuál es el papel que juega la televisión en la vida de la chica a la derecha? ¿Para qué más podría usar la tele? ¿Y tú qué opinas? ¿Es la televisión un sustituto para todo? ¿Es una ayuda? ¿Sí? ¿No? ¿Por qué?

2 En Argentina se publicaron los datos de una encuesta sobre «Consumos Culturales» que realizó el Ministerio de Educación, Ciencia y Tecnología de la Nación a 3.360 chicos de entre 11 y 17 años de todo el país. Uno de los temas era la televisión.

a Habla con tu compañero sobre lo que piensas que fueron los resultados de esta encuesta. No olvides usar algunas estructuras como: la mayoría/la minoría – un/el 10 % (por ciento) – la mitad – más/menos de la mitad.

- ¿Cuántos ven la tele por la mañana? ¿Cuándo la ven más?
- ¿Qué tipo de programas gusta más a los chicos argentinos?
- ¿Les gustan las novelas? ¿Cuántos jóvenes ven este tipo de programa?
- ¿Están satisfechos los jóvenes con los contenidos televisivos?
- ¿Qué función tiene para los jóvenes la televisión?
- ¿Piensan que la tele ofrece una imagen real de la vida?
- ¿Lo que se ve en la tele es un tema de conversación? Si es así, ¿con quién hablan los jóvenes sobre lo que han visto? ¿Es la televisión un medio educativo en las aulas?

b Ahora, después de haber respondido a estas preguntas, lee los datos reales obtenidos en la encuesta y discútelos con tu compañero. ¿Ha habido alguna diferencia con lo que habíais pensado? ¿Cuál(es)?

TELEVISIÓN

Por la mañana son muy pocos los que ven programas, sólo el 19 %, y observan más TV cuando terminan los deberes o por la noche.

El programa de TV más elegido con un 25 % es «Los Simpson», y luego muy por debajo los demás.

Entre los programas más seleccionados están las películas, mientras las tiras de ficción, educativos y noticieros tienen el porcentaje más bajo.

Las novelas fueron seleccionadas con un 32 % y dijeron que lo que importa es el contenido y el argumento.

El 60 % se mostró contento con los programas que hay en TV.

La mayoría de los chicos dice que lo que más valoran es que los entretiene, mientras que otros, en cambio, sostienen que la televisión los ayuda a pasar el tiempo.

Sólo el 1 % indicó que la TV muestra la realidad.

Ante la pregunta sobre si los adolescentes hablan con alguien de lo que ven en TV, el 60 % contestó que sí lo comentan y en un 84 % lo hacen con amigos y muy poco en su familia. En cuanto a la relación de la escuela y la TV, respondieron que aunque tienen televisión en los establecimientos, no miran en un 62 % y que lo que observan son películas o videos.

la tira – aquí: película; el noticiero = las noticias – *Nachrichten*; el argumento – *Handlung*

3 En tu barrio van a cerrar el último cine para abrir un centro comercial con un gran supermercado. Los vecinos del barrio se reúnen para discutir esta acción. En la junta vecinal hay muchas opiniones diferentes. Actuad la discusión en grupos de seis. Cada uno representa a una de las personas siguientes.

EN CONTRA	A FAVOR
Marisa Maravillas: es la mujer del representante vecinal que está a favor de la construcción. Ella lleva viviendo toda su vida en el barrio y tiene muchos recuerdos de cuando era pequeña en este cine. El cine forma parte de la historia del barrio.	**Teresa Malhumorada:** será la directora del próximo centro comercial. Tiene mucho interés de que se construya para poder tener su puesto de trabajo. Siempre está de mal humor y luchará para que se construya.
Roberto Paniagua: piensa que es un gasto inútil derribar *(abreißen)* el cine y construir un centro comercial si ya hay suficientes tiendas en el barrio. Está siempre en contra de todo lo nuevo que se quiera hacer.	**Almudena Comprador:** es la promotora de la construcción. El dinero es lo más importante para ella. Quiere ganar más y este centro comercial es una oportunidad estupenda para ella.
Raimundo Peliculín: es el dueño del cine que quieren derribar. Él no quiere vender, pero el ayuntamiento presiona para que lo haga y, además, el cine ya no es rentable. Sin embargo, quiere luchar para poder continuar con el cine abierto.	**Héctor Millonetis:** es el representante vecinal y marido de Marisa. No quiere ningún cine en el barrio porque eso no da dinero. Si alguien quiere ver una película, puede hacerlo en casa o ir al centro de la ciudad. La construcción va a dar mucho trabajo a la gente del barrio.

4 ¿Quién sale primero?

El Papa, el Rey Juan Carlos, Shakira y un niño de diez años están viajando en un globo. Se dan cuenta de que el globo está sobrecargado y de que uno de ellos tiene que salir. Cada uno tiene que convencer a los otros de su importancia y de las razones por las que no puede salir.

Cuatro alumnos actúan la escena, los otros son los espectadores. Después de tres minutos los espectadores deciden quién tiene que salir.

5 «Seguro que sin esto, usted no puede vivir.» Internet no es sólo un nuevo medio de información, sino también una tienda siempre abierta. Pero ya antes de tener la red se vendía y se compraba sin salir de casa: venía un vendedor a domicilio. Ahora probamos *tu* capacidad de vender y de convencer a otros. En parejas, uno de vosotros es un vendedor que quiere vender

- un cenicero a una persona que no fuma;
- un cierre *(Schloss)* para bicicletas a un anciano que hace todos sus caminos a pie.

Claro que la persona a la que quieres vender la cosa tiene muchas dudas y preguntas.

¿Tenéis otras ideas locas para esta escena?

6 Aquí debajo encontráis algunos sucesos bastante raros. ¿Podéis adivinar en clase, todos juntos, qué pasó en cada uno de estos casos misteriosos? El profesor o un compañero de clase responde a vuestras preguntas con respuestas de **sí** o **no** (ver solución página 34).

a Un hombre aparece muerto en un desierto. Alrededor no hay nada ni nadie. El hombre está desnudo y tiene una cerilla *(Streichholz)* en la mano…

b En el suelo de un apartamento están Romeo y Julieta en el suelo, rodeados de agua y cristales rotos. La ventana está abierta…

c Un hombre está escuchando la radio cuando de repente sube al piso de arriba y al ver que está apagada la luz, se suicida…

Kompetenzbereich: *Producción de Textos*

M 1 Generación en conexión: los adolescentes y las redes sociales

Del patio del instituto a la Red desde la habitación: las redes sociales, con más ventajas que inconvenientes, suponen una revolución de la comunicación entre los más jóvenes.

«Tuenti», «myspace», «live spaces» o «facebook». Todos estos términos hacen referencia a nombres de redes sociales muy populares y en las que los jóvenes participan de forma activa. Esta práctica refleja el cambio de hábitos que han experimentado los adolescentes en los últimos años: ya no se pelean por ver la televisión en el salón, discuten por la pantalla de su ordenador. Ahora la comunicación con todas sus amistades es a través de Internet.
¿Son peligrosos estos sitios?
Aunque se han dado algunos casos en que las redes juveniles se han utilizado con fines deshonestos por parte de adultos, estos han sido muy minoritarios. Además, estos servicios cuentan con un estricto control de la privacidad y de los contenidos que se publican para evitar que mensajes vulneren los derechos del menor.
Por lo general, la influencia de las redes en sus usuarios es muy positiva. En primer lugar, porque los familiariza de un modo lúdico con unas tecnologías que serán en unos años sus principales herramientas laborales. También suponen una segunda oportunidad para los jóvenes que en el mundo exterior no logran comunicarse con su entorno.
Otra de las grandes ventajas de las redes es su carácter colaborativo. Sus jóvenes comparten contenidos de manera constante y, de ese modo, también conocimientos. Incluso se pasan apuntes de clase y se consultan dudas. Es decir, aprenden a estudiar y trabajar en equipo, cualidad muy valorada en las empresas. Por tanto, estas redes, lejos de aislarlos, socializan todavía más a los jóvenes.

tuenti – similar a facebook, pero en castellano, con gran éxito entre los internautas españoles; pelearse – *streiten;* pantalla – *Bildschirm;* juvenil – de los jóvenes; deshonesto – *unsittlich;* vulnerar – *verletzen;* lúdico – de juego; herramienta – *Werkzeug;* entorno – *Umgebung*

Fuente: http://www.infohenderson.com.ar/web/?cat=5 (adaptado)

1 **a** Escribe los argumentos del texto: seis a favor, uno en contra de las redes sociales. Usa tus propias palabras.

____

____

____

____

____

____

____

____

____

b Ahora ya tienes los argumentos para escribir un artículo en el periódico de la escuela sobre este fenómeno. (250 palabras)

2 Isabel ha pasado sus vacaciones con sus padres en la playa en un pueblo de la costa malagueña. Allí va todos los veranos y tiene una pandilla de amigos que vienen de diferentes puntos de España. Este verano le han pasado muchas cosas y las quiere compartir en «yournet».

a ¿Cómo fueron tus últimas vacaciones? ¿Adónde fuiste y qué hiciste? Cuéntalo en un blog.

b Padres e hijos discuten sobre si las redes sociales son malas o no. Isabel, por ejemplo, escribe un e-mail a su amiga Cecilia sobre la discusión que ha tenido con sus padres por usar «yournet» y colgar unas fotos de sus vacaciones. Le han quitado Internet y ahora sólo tiene acceso desde cibercafés o desde la escuela.

enviar
para… cecisa@redextra.es
copia…
asunto incomunicada

¡Hola Ceci!

Te escribo desde la clase de informática. ¿Sabes que me han quitado Internet en casa? Colgué unas fotos de las vacaciones en la playa del verano pasado en yournet y mi madre me pilló y se puso…

Yo no lo entiendo, dicen que tienen miedo de que me pase algo. Pero ¿por qué? ¿no confían en mí?

Te dejo que viene el profesor.

Isa

La amiga de Isabel responde e intenta animarla además de contarle su experiencia personal con el uso de las redes sociales, pero también entiende a los padres de Isabel porque una amiga suya ha tenido malas experiencias… Escribe el e-mail de Ceci.

c María y sus compañeros tienen 16 años y estudian cuarto de la ESO en el instituto Leopoldo Alas Clarín. Quedan en la Red después de clase para comentar lo que no se han dicho en clase. También hacen planes para el fin de semana.

María: Ha suspendido física como siempre y aún no sabe la nota de matemáticas... Le encanta escribirse con sus amigos en «yournet». Siempre anima a sus amigos cuando tienen problemas. Sueña con un gran amor, pero no sabe quién podrá ser.	**Ana:** Ha aprobado con un ocho el examen de física. Está contenta por ello, pero también triste porque se ha terminado su relación con Luis. Ahora Luis sale con una chica de otro instituto.	**Roberto:** Compañero de clase de las chicas. Está enamorado de María, pero no quiere perder su amistad. Aprueba siempre todo, pero muy justo. Ha sacado un cinco en física.

Después de leer la información sobre María, Ana y Roberto, completa el diálogo que tienen en «yournet».

yournet ★ ★ ★ cerrar

María: ¡Enhorabuena Ana! ¡Un ocho!

Ana: ¡Gracias María! No me lo creo todavía. Oye, ¿viste a Luis después de clase? Llevaba una cara... ¿habrá suspendido?

María:

Roberto:

María:

Ana:

Roberto:

3 ¿Qué medio de comunicación prefieren los jóvenes españoles?

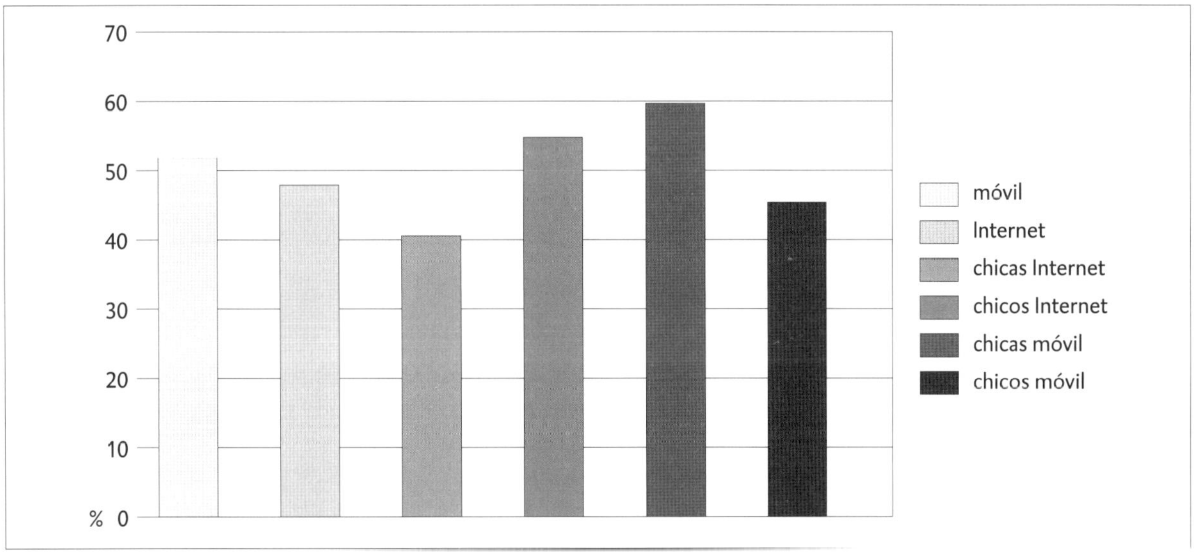

a Interpreta la gráfica y los datos.

b ¿Te ha sorprendido algo? ¿Es igual que en Alemania? Escribe tu opinión en un artículo para la revista escolar de tu colegio de intercambio. (250 palabras)

M 2 Generación en conexión: con otras generaciones

Muchos chicos se van de casa para estudiar lejos de su ciudad. Algunos prefieren vivir en piso compartido, otros buscan alternativas como la de vivir con personas mayores.

Cristina es una estudiante de arquitectura de Buenos Aires, Argentina, que quiere terminar su carrera en Barcelona. Tiene una beca de la universidad de Barcelona. Ella es uno de los ejemplos de esta convivencia. Participa en el programa «Viure i Conviure» (cat.: vivir y convivir) de la Obra Social de Caixa Catalunya, que a través de un acuerdo con universidades y ayuntamientos ayuda a estudiantes a buscar una habitación en un piso con una persona mayor. La habitación es gratis para el estudiante. El estudiante ayuda a la persona mayor en la casa y pasa tiempo con ella. No todos pueden tener esta opción. Es sólo para estudiantes que no tienen más de 35 años y tampoco tienen trabajo. La persona mayor tiene más de 65 años y autonomía propia, es decir no necesita ayuda para lavarse, comer, etc.

1 Cristina quiere conseguir una plaza en este proyecto. Para ello tiene que escribir una carta solicitándola. Ayúdala a hacerlo y no te olvides de cómo se estructura una carta y las razones por las que quiere participar en esta alternativa de alojamiento.

(Fecha)

Estimados señores:

Atentamente,

Cristina García Álvarez

2 Un amigo que está buscando piso en Barcelona te ha pedido ayuda. ¿Cuáles son las ventajas y desventajas de esta forma de vivir en un piso compartido? ¿Sería una opción para ti? ¿Por qué? Explícaselo y aconséjale en una carta o un e-mail (250 palabras).

M 3 Generación en conexión: con el mundo

1 Rosa ha contactado por la red con tres organizaciones que ofrecen voluntariados.

¿Trabajo voluntario en Costa Rica?

Trabajamos en las playas de Manzanillo con las tortugas que vienen a poner huevos a estas costas. Los voluntarios usualmente se alojan en el campamento del programa o en casa de particulares, lo cual también contribuye a la economía local.

Para hacer trabajo voluntario para la conservación y protección de las tortugas marinas en Costa Rica, la información se puede conseguir en www.ancor.com o comunicándose directamente con el coordinador Jorge Castellanos, encargado de los programas de voluntarios, al correo electrónico voluntarios@ancor.cr.

MANOS ABIERTAS

El programa de voluntariado de la Fundación Manos Abiertas ayuda a personas que viven en pobreza construyendo nuevas infraestructuras para mejorar su vida. Busca intercambiar experiencias entre aquellos que nos ayudan, los niños, sus familias y la comunidad y de igual manera promover las oportunidades de interculturalidad, con el propósito de afianzar relaciones interpersonales, y que tanto los voluntarios como los niños, niñas y jóvenes de la Fundación Manos Abiertas aprendan unos de otros.
La fundación tiene programas de voluntariado en los tres municipios donde apoyamos escuelas: Barranquilla, Soacha y Quibdó.

Contáctanos:
Fundación Manos Abiertas:
calle 97 n° 23–34, oficina 306, Bogotá, Colombia
fundacionmanosabiertas@colomail.com,
tel: (571) 6073661

Español y voluntariado (5 ó 7 semanas)

El curso estándar es de 8 semanas (4 semanas de curso de idioma + 4 semanas de trabajo voluntario en granjas). También ofrecemos programas más cortos de 5 ó 7 semanas en Guatemala, Bolivia, Argentina, Perú y Costa Rica:

5 semanas = 1 semana de curso + 4 semanas de trabajo voluntario
7 semanas = 3 semanas de curso + 4 semanas de trabajo voluntario

Para más información, visite nuestra web www.altiplanoidiomas.com o llame al 01273 725200.

tortuga (marina) – *(Meeres-)Schildkröte;* alojarse – *untergebracht werden;* casa de particulares – *Privathaus;* promover – *fördern;* afianzar – *stärken* a Ahora de las tres opciones elige la que sería más interesante para ti. Escribe el texto de un pequeño mail (250 palabras) que quieres enviar al proyecto que más te gustaría hacer. Pregunta por más información. ¿Por qué te interesa? ¿Cuándo quieres hacer el voluntariado?

b Ayuda a completar el cv *(Lebenslauf)* de Rosa con las palabras que faltan.

CURRÍCULUM VITAE

DATOS PERSONALES

nombre y ____________________ :	Rosa Gutiérrez Almeda
____________ de nacimiento:	05–10–1992
____________ de nacimiento:	Jerez de la Frontera (España)
____________________________ :	española
correo electrónico:	rosagutierrez@espnet.com
número de teléfono:	956882378
número de móvil:	619 345 987
permiso de ____________________ :	no

ESTUDIOS

2008–2010:	bachillerato
2004–2008:	E.S.O (Educación Secundaria Obligatoria)
1998–2004:	____________________________

EXPERIENCIA LABORAL

verano 2009:	Prácticas en el Zoobotánico de Jerez coordinado por la Sociedad Gaditana de Historia Natural (SGHN)

IDIOMAS

____________________________ :	lengua materna
inglés:	nivel muy alto
francés:	nivel alto
alemán:	nivel básico

OTROS DATOS DE INTERÉS

____________________________ :	leer, hacer senderismo, viajar

c Escribe tu cv en español.

b

Currículum vitae

Datos personales

nombre y **apellidos**:	Rosa Gutiérrez Almeda
fecha de nacimiento:	05–10–1992
lugar de **nacimiento**:	Jerez de la Frontera (España)
nacionalidad:	española
correo electrónico:	rosagutierrez@espnet.com
número de teléfono:	956882378
número de móvil:	619 345 987
permiso de **conducir**:	no

Estudios

2008–2010:	bachillerato
2004–2008:	E.S.O (Educación Secundaria Obligatoria)
1998–2004:	**educación/escuela** primaria

Experiencia laboral

verano 2009:	Prácticas en el Zoobotánico de Jerez coordinado por la Sociedad Gaditana de Historia Natural (SGHN)

Idiomas

español:	lengua materna
inglés:	nivel muy alto
francés:	nivel alto
alemán:	nivel básico

Otros datos de interés

hobbies:	leer, hacer senderismo, viajar

c Respuesta libre

2 Respuesta libre

Hola Pedro,

mira, hay otras alternativas para vivir en Barcelona si no tienes dinero. Existe una posibilidad gratis de tener una habitación en un piso compartido. La Obra Social de la Caixa Catalunya trabaja junto con ayuntamientos y universidades para poner en contacto a jóvenes estudiantes y a personas mayores de 65 años que viven solas y que quieren compañía. A cambio, ofrecen un lugar en su casa.

No es un piso compartido convencional, ya que no vives con otros jóvenes de tu edad y eso quiere decir que no habrá fiestas en casa, por ejemplo. Pero, por otro lado, tienes la opción de conocer a una persona con mucha experiencia y que te puede ayudar a entender la ciudad y todos los cambios. Una persona mayor da sabiduría y memoria de la historia a través de su vida. Bueno, sería casi como vivir en casa de los padres o peor, de los abuelos. Aunque se tiene que pasar un tiempo con la persona en la casa, eso no significa que no puedas salir y hacer tu vida. Hay tiempo para todo. Puedes ahorrar el alquiler y hacer más cosas en tu tiempo libre.

En todo caso, si no viviera con mis padres, sería para mí una opción compartir un piso con una persona mayor.

M2 Generación en conexión: con el mundo

1 a Respuesta libre

Hola, mi nombre es Anna Baumann y estaría interesada en participar en el programa de voluntariado de ANCOR.

Tengo 18 años y este año terminaré mi formación en el instituto. Antes de comenzar en la universidad, quiero vivir una experiencia del tipo que ustedes ofrecen. Me gustaría ayudar y al mismo tiempo mejorar mi español así como conocer el país.

¿Podrían enviarme más información sobre las posibilidades que ofrecen en las fechas de julio a febrero?

Muchas gracias.

Un saludo desde Alemania,

Anna Baumann

Übersicht

		Thema	Aufgabenformate
Comprensión Escrita	M 1	Experiencias reales	1 Zuordnungsübung (Textverständnis) 2 Multiple Choice (Textverständnis) 3 Kurzantworten (Textverständnis)
	M 2	Estudiar y viajar en el extranjero	1 Multiple Choice (Wortschatz) 2 Kurzantworten (Textverständnis)
	M 3	Trabajando en el extranjero	1 Wortschatz aus dem Text erschließen 2 Richtig oder falsch (Textverständnis) 3 Kommentar
Comprensión Oral	M 1	La vida de los niños y jóvenes en la calle (Track 1–4)	1 Sätze mit neuem Vokabular bilden 2 Multiple Choice (Textverständnis) 3 Richtig oder falsch (Textverständnis) 4 Kurzantworten (Textverständnis) 5 Kommentar
	M 2	El sistema educativo de España y los cambios (Track 5–6)	1 Wortschatz durch Hilfestellungen erschließen 2 Lückengrafik (Hintergrundwissen Schulsystem) 3 Multiple Choice (Textverständnis) 4 Kurzantwort (Textverständnis) 5 Kurzantwort (Textverständnis) 6 a Kurzantwort (Textverständnis) 6 b Kommentar
	M 3	Una vida nueva – el viaje a lo desconocido (Track 7–10)	1 Kommentar 2 Wortschatz zuordnen (Vokabel – Synonym/ Erklärung) 3 Lückensätze (Textverständnis) 4 Lückengrafik (Textverständnis) 5 Kurzantworten (Textverständnis) 6 Kurzantworten (Textverständnis) 7 Lückentext (Wortschatz)
Uso de la Lengua	M 1	Cambios en la vida: de niño a adulto	1 a Wortfelder (Wortschatz) 1 b Sätze im *pasado* bilden 1 c Sätze im *presente* bilden 1 d Sätze im *futuro* bilden
	M 2	Hotel Mamá	1 a Sätze mit *como* und *porque* bilden 1 b Sätze im *pasado* bilden 1 c Sätze mit *subjuntivo* bilden 2 a Lückentext (Konditionalsätze) 2 b Lückentext (*subjuntivo* und *indicativo*)

Uso de la Lengua	M 3	La lengua de los jóvenes	1	SMS-Sprache ihrer Bedeutung zuordnen
			2	Emoticons zuordnen (Emoticon – Bedeutung)
			3	Übertragung SMS-Sprache in Standardspanisch
			4	Verfassen einer SMS
			5	Kommentar (mit *subjuntivo*)
	M 4	Los jóvenes y el tiempo libre	1	Sätze im *futuro* bilden
			2 a	*Conectores* der dt. Bedeutung zuordnen
			2 b	Sätze umformulieren (*perífrasis verbales*)
			2 c	Text mithilfe von *conectores/perífrasis* stilistisch verbessern
			3 a	Sätze umformulieren (*después de que, antes de que, sin que* und *hasta que*)
			3 b	Richtig oder falsch (*por* oder *para*)
Producción Oral	M 1	Los jóvenes y el cine	1	Sätze nach Vorgaben bilden
			2	Bildkommentare (Filmplakate)
			2 a	Diskutieren
			2 b	Diskutieren
			3	Diskutieren
	M 2	Problemas, problemas	1	„Minireden" nach Vorgaben
			2	Sätze nach Vorgaben bilden
			3	Diskutieren im Rollenspiel
			4	Diskutieren im Rollenspiel
			5	Freies Übersetzen im Dialog
	M 3	Para divertirse…	1 a	Kommentar
			1 b	Bildbeschreibung (Karikatur)
			1 c	Kommentar
			2 a	Kommentar (Statistik)
			2 b	Kommentar (Statistik)
			3	Diskutieren im Rollenspiel
			4	Diskutieren im Rollenspiel
			5	Diskutieren im Rollenspiel
			6	Lösen dreier *casos misteriosos* durch Fragen
Producción de Textos	M 1	Generación en conexión: los adolescentes y las redes sociales	1 a	ausführliche Antwort (Textverständnis)
			1 b	Artikel verfassen
			2 a	Blog verfassen
			2 b	E-Mail verfassen
			2 c	Lückenchat
			3 a	Auswerten (Statistik)
			3 b	Kommentar (Statistik)
	M 2	Generación en conexión: con otras generaciones	1	Brief verfassen
			2	Kommentar
	M 3	Generación en conexión: con el mundo	1	E-Mail verfassen
			2	Lückentext (Lebenslauf)
			3	eigenen Lebenslauf verfassen

Kompetenzbereich: *Comprensión Escrita*

M1 Experiencias reales

1

	Ana Isabel	Alex	Marcela
Aprendió que para ser feliz no se necesita más que unas sonrisas.			✗
Su experiencia más importante era la de llegar a saber que se puede vivir con muy poco.		✗	
Sobre todo quiso conocer otra forma de vivir.		✗	
Trabajó con niños de menos de tres años.	✗		
Cuando vio a los niños alegres, pensó que tendrían un buen futuro.	✗		
Trabajó con personas discapacitadas.			✗

2 a Texto 1

☒ En la Prisión Provincial de Málaga hay una guardería.

b Texto 2

☒ Hay una pequeña escuela en el pueblo.

c Texto 3

☒ A veces Marcela sentía una profunda tristeza al trabajar en la escuela, porque las personas allí casi nunca reían.

3 a Necesitan ayuda porque están en la cárcel con sus madres y no pueden jugar libremente, p. ej. no pueden ir a un parque.

b Está nerviosa porque no sabe cómo reaccionarán los niños y si ella se sentirá a gusto con ellos.

c En las comunidades no hay ni agua corriente, ni electricidad, ni tiendas o bares. Tampoco hay tráfico de coches, sólo burros y mulas como medio de transporte.

d Lo recibían con gran generosidad y le daban lo poco que tienen.

e Son niños, adolescentes y adultos con problemas psíquicos como autismo y Síndrome de Down y además con enfermedades físicas como serían problemas de corazón.

f Marcela aprendió muchas cosas que no conocía de nuestra sociedad, como que siempre hay que sonreír, incluso en momentos difíciles.

M2 Estudiar y viajar en el extranjero

1 a **ESO**

☒ Educación Secundaria Obligatoria

bachillerato

☒ dos cursos después de la ESO para prepararse para la universidad

formación profesional

☒ alternativa educativa al instituto para aprender una profesión

b **obstáculo**

☒ una dificultad o un problema

alojamiento

☒ lugar donde se puede dormir y vivir (hotel, apartamento…)

darse de alta

☒ inscribirse en algún lugar

familia anfitriona

☒ familia que ofrece su casa

base de datos

☒ lista con una información determinada (nombres, lugares…)

2 a InternationalExchange ofrece muchos servicios. Desde darnos información sobre centros de enseñanza o programas de estudios hasta ayudarnos a encontrar alojamiento, si somos estudiantes que queremos salir al extranjero a estudiar. Esta ayuda la puede dar en casi todos los países del mundo.

b InternationalExchange está pensado para estudiantes de todo el mundo que quieran vivir en el extranjero, conocer la cultura y a la gente.

c Una de las posibilidades es hacer intercambio de idiomas o cultural, dándote de alta en la base de datos que te pone en contacto con estudiantes extranjeros que están en tu ciudad. Otra posibilidad sería ofrecer una habitación en alquiler a un estudiante extranjero y poder así conocer una cultura y un idioma conviviendo con él.

d La formación profesional se puede realizar en la Escuela Internacional de Gerencia Hotelera Las Rocas de Málaga para aprender todo lo necesario en la organización de un hotel trabajando en él, practicando el idioma al mismo tiempo.

e Uno se puede dar de alta como estudiante de intercambio que busca una familia anfitriona.

M3 Trabajando en el extranjero

1

das Taschengeld	el dinero de bolsillo
der Führerschein	el carné de conducir
die Umgebung	los alrededores
die Haushaltsführung	el mantenimiento del hogar
der Babysitter	el/la canguro
die Verpflegung	la manutención
mitarbeiten	colaborar
ledig	soltero/a
die Unterkunft	el alojamiento
die Hausarbeiten	las tareas domésticas

2 a **Falsa.** Sólo procede de Europa.

b **Verdadera.**

c **Falsa.** Cuida a los niños y hace las tareas de la casa como cocinar y limpiar, pero no hace trabajos pesados.

d **Verdadera.**

e **Falsa.** También tiene que llevarlos al colegio y hacer actividades fuera de la casa como ir a la piscina o a la playa, p. ej.

f **Verdadera.**

g **Falsa.** La experiencia con niños es necesaria.

3 Respuesta libre (tres posibilidades)
Para mí la mejor opción es la de **hacer el voluntariado** en un país en el que se hable español porque así podré practicar lo aprendido en el bachillerato, mejorarlo y además conocer mucho mejor la cultura y a la gente. El contacto directo con la gente me gusta mucho y sobre todo el poder ayudar a personas que tienen menos que yo. Una experiencia de este tipo es fundamental para apreciar lo que se tiene, además de darse cuenta de la cantidad de lujos innecesarios con los que vivimos.

Yo elegiría **pasar un tiempo en el extranjero** para tener la posibilidad de ser corregido al hablar y para hacer un curso de idiomas con gramática. Creo que es así como mejor se aprende un idioma. Compartir casa con una familia anfitriona da la oportunidad de practicar todo lo aprendido en la escuela. Me parece también muy atractiva la idea de poder conocer a gente de otras nacionalidades en el curso de lengua, por ejemplo. Creo que estas personas tendrán la misma visión de la vida que yo. Así, no sólo conoceré la cultura del país y a su gente, sino también muchas otras culturas a través, espero, de nuevo amigos.

El trabajo con niños me encanta. Hacer un curso de idiomas en el extranjero me parece estupendo para aprender el idioma, pero estos cursos son normalmente muy caros. La mejor opción es para mí entonces trabajar, estar inmerso en la lengua todo el día y aprender con los niños. Con el dinero de bolsillo podría viajar un poquito y hacer un curso. Muchas familias incluso pagan el curso a las/los au pair.
He leído que las/los au pair se reúnen para pasar juntos su tiempo libre. De este modo podré conocer también otras culturas y a gente de otros países que tienen la misma forma de aprender un idioma y las ganas de viajar trabajando. La cultura y la gente del país las puedo conocer a través de la familia con la que conviva.

Kompetenzbereich: *Comprensión Oral*

M1 La vida de los niños y jóvenes en la calle

T01 «Soy Michla. Vivo en las calles desde hace cuatro años. Me gano la vida lavando autos o a veces mendigando. No estoy viviendo con mis padres pues me dijeron que me fuera hace mucho tiempo, se mudaron, y desaparecieron. Dijeron que tenían muchos otros hijos y que no podían mantenerme. Dijeron que tenía que ser capaz de ganarme la vida sin molestarlos a ellos.»

«Me llamo Pedro. Salí de casa de mis padres a los ocho años. Ahora vivo en la calle. Me drogo, todos nos drogamos para olvidar nuestros problemas, para no sentir el hambre, el frío... Muchas veces no tengo nada para comer, con las drogas, cuando robo algo, no me siento nada mal.»

Estos son sólo dos ejemplos de 200 millones de niños en todo el mundo que viven o trabajan en las calles, lo cual es más que toda la población de Francia y Gran Bretaña juntas. En Sudamérica, al menos 40 millones de niños viven en la calle; en Asia 25 millones; y en toda Europa hay aproximadamente otros 25 millones de niños y jóvenes.

T02 Hablamos hoy con Fernando Chávez, que trabaja para la ONG «Perspectivas», organización que intenta darles un futuro a estos niños de la calle.

ENTREVISTADORA: Señor Chávez, bienvenido a nuestro programa. Primera pregunta fundamental: ¿cómo se puede definir a un niño de la calle?

CHÁVEZ: UNICEF define a los niños de la calle de diferentes formas: por un lado son niños que tienen que trabajar en las calles porque sus familias necesitan dinero para sobrevivir. Por otro lado, son niños que vienen de familias pobres y que duermen en las calles. Algunos llegan a la ciudad de las zonas menos privilegiadas del país, otros han huido. Muchas veces también son huérfanos o son niños abandonados cuyos padres han muerto por enfermedad o por una guerra, o para los cuales era imposible cuidar a sus hijos.

ENTREVISTADORA: ¿Por qué existen los niños de la calle? ¿Por qué hay tantos padres que ya no pueden cuidar a sus hijos?

CHÁVEZ: Hay muchas causas que determinan el futuro de estos chicos y chicas. Cada uno tiene su propia historia personal. En general el vivir en la calle se debe a causas muy diversas: a catástrofes tanto sociales como

políticas como podría ser una guerra, o catástrofes naturales como un terremoto, que hacen que las familias se separen, porque muere alguno de sus miembros o porque el hambre y la pobreza obligan a los padres a abandonar a sus hijos a su suerte. Claro que hay que ver también que en hogares donde todo falta, en una vida sin alegría y sin perspectivas, el alcohol y las drogas son un peligro.

T03 ENTREVISTADORA: ¿Y cómo tenemos que imaginarnos la vida diaria de un niño de la calle?

CHÁVEZ: Los niños no sólo van por las calles sin nada que hacer. Para sobrevivir, la mayoría trabaja más de diez horas al día. Limpian taxis, vigilan coches aparcados, venden pequeñas cosas o mendigan. Algunos trabajan en la prostitución, o como servicio doméstico.

Los niños de la calle comen lo que pueden. Sus estómagos no siempre están vacíos, pero probablemente estén desnutridos. Si no hay suficiente dinero, entonces siempre están los contenedores de basura en los que pueden buscar algo para comer, las puertas de atrás de algunos restaurantes que tiran las sobras al final de la noche y cualquier cosa que se pueda robar en una tienda.

Cuando se trata de ganar dinero, los niños de la calle son muy creativos. Mendigar puede ser bueno si se tiene un hermano o una hermana de aspecto dulce y con una expresión que dé pena. Luego está el sexo. Esto es lo que más dinero da.

Los niños de la calle duermen donde se sienten más seguros. La puerta de una tienda, un banco en la plaza, las escaleras de una estación de tren. La cama es un trozo de cartón, una manta vieja, periódicos. Si tienen la suerte de tener un par de zapatos, duermen con ellos bajo la cabeza, para poder darse cuenta de si alguien quiere robárselos. El dinero se lo meten en la boca. Estos niños nunca saben cuándo serán despertados por la bota de un policía, por una ducha de agua fría de un camión de la limpieza, o incluso por un vigilante o un oficial de la ley que usa su arma alegremente.

T04 ENTREVISTADORA: Entonces, es una vida muy peligrosa, ¿no?

CHÁVEZ: Sí, claro. El problema es que los niños de la calle enferman y se quedan así. Nadie se preocupa por ellos, incluso si la herida es grave, el hospital no querrá ocuparse de ella. Aparte de eso, su pobre dieta com-

binada con los gases de los coches que inhalan cada día probablemente les cause daño cerebral.

Y las drogas... Los niños de la calle toman cualquier droga que sea más fácil de conseguir y más barata. Por ejemplo, el pegamento en zonas donde se fabrican zapatos. Cuando se inhalan, los pegamentos industriales producen falta de claridad mental, ocasionalmente alucinaciones, pérdida de apetito y náuseas. Estas sustancias son fáciles de conseguir en tiendas. Hay incluso personas que las venden en la calle.

La Organización Mundial de la Salud asegura que uno de los mayores problemas de salud que enfrentan los niños de la calle de todo el mundo es el abuso de drogas. Prácticamente todos son adictos a la pintura, al pegamento barato o a otras drogas más fuertes. Sólo unos pocos pueden vivir en las calles sin ningún tipo de droga.

Estos niños merecen un futuro diferente. En las calles son ellos mismos, libres para hacer lo que quieran cuando quieran y sin que nadie les diga que no. Pero no quieren seguir ahí cuando sean mayores. Un buen trabajo y suficiente dinero es con lo que sueñan. Por favor, ayúdennos con dinero o material para estos niños. Queremos ofrecerles un lugar protegido donde puedan dormir, comer y aprender las cosas más básicas que necesitarán para su futuro.

ENTREVISTADORA: Muchas gracias, Sr. Chávez. *(1003 palabras)*

1 Respuesta libre (varias posibilidades)

Los niños de la calle mendigan para poder sobrevivir. Tienen que huir de la policía y de la gente que quiere hacerles daño. Un terremoto es a veces la causa por la que estos niños viven en la calle. Algunos chicos llevan armas para protegerse. Para olvidar los problemas, inhalan pegamento. Muchos de los niños de la calle sufren abusos. Sus padres no mantienen a sus hijos con su trabajo. La mayoría de los niños son huérfanos que perdieron a sus padres por diferentes razones. Una manta para protegerse del frío es a veces lo único que tienen. Aunque tengan heridas, no pueden acudir al hospital. La ingestión de drogas les causa náuseas. Casi todos los chicos que viven en la calle son adictos a una droga.

2 a En Asia y en toda Europa viven en la calle

☒ 50 millones de niños.

b Las catástrofes que hacen que las familias se separen son

☒ ambas.

c Mientras duermen

☒ ponen los zapatos debajo de la cabeza.

d Fernando Chávez pide material y dinero para los niños

☒ para ofrecerles un lugar protegido.

3 a **Falsa.** Sus padres no están muertos, sino que se mudaron y desaparecieron hace mucho tiempo porque no podían mantenerlo.

b **Falsa.** Se droga para olvidar los problemas y no sentir ni frío ni hambre.

c **Falsa.** En Sudamérica al menos 40 millones de niños viven en la calle.

d **Falsa.** Para sobrevivir trabajan más de diez horas al día limpiando taxis, vigilando coches aparcados, vendiendo pequeñas cosas, mendigando, prostituyéndose o como servicio doméstico.

e **Verdadera.**

f **Falsa.** Nunca saben cuándo van a ser despertados por un policía o un oficial de la ley que usa su arma contra ellos.

4 a UNICEF lo define de diferentes formas: por un lado, es un niño que tiene que trabajar en las calles y, por otro lado, es un niño que proviene de una familia pobre que duerme en las calles.

b Hay diferentes razones: algunos han sido abandonados porque sus familias necesitan dinero para sobrevivir, otros han huido o son huérfanos por causa de enfermedad de los padres o por la guerra.

c Hacen de todo: limpian taxis, vigilan coches, venden cosas o mendigan. También trabajan en la prostitución o en el servicio doméstico.

d Trabajan para ganar dinero y si no tienen suficiente dinero, buscan en los contenedores de basura, en las puertas de atrás de los restaurantes donde se tiran las sobras o roban en las tiendas.

e Duermen donde se sienten más seguros. La puerta de una tienda, un banco en la plaza, las estaciones de tren. La cama puede ser un trozo de cartón, una manta vieja o periódicos.

f Si tienen enfermedades o una herida grave, p. ej., los hospitales no se hacen cargo. También tienen una dieta pobre e inhalan el humo de los coches cada día, lo que probablemente les produzca un daño cerebral. El problema más grave es que abusan de las drogas.

g Los niños de la calle están enganchados *(abhängig)* a diversas drogas, p. ej. a la pintura, al pegamento barato o a drogas más fuertes. Sólo unos pocos pueden vivir en las calles sin ningún tipo de droga.

5 Respuesta libre (a favor)
Sí. Les daría dinero para que la organización comprara en el país las cosas necesarias, porque cada chico tendrá unas necesidades individuales. Algunos tendrán problemas de salud, otros puede que necesiten apoyo psicológico. Muchos de ellos tienen problemas con las drogas. Además, a un gran número de niños les hace falta una buena alimentación.

M2 El sistema educativo de España y los cambios

T05 La educación hoy en Radio 8

Ángel Gabilondo, ministro de Educación, ha propuesto la posibilidad de prolongar la enseñanza obligatoria hasta los 18 años. Según la ley actual, la escolarización obligatoria termina a los 16 años, en 4º de la ESO.

La escolarización obligatoria comienza en España a los seis años en el primer curso de Educación Primaria y acaba a los 16 con el 4º curso de la ESO. Pero podría cambiar. El ministro de Educación ha dicho que podría ser posible prolongar la enseñanza obligatoria dos años más, aunque los cambios no serían realizados todavía el próximo curso. Sería por tanto igual que en Portugal donde la obligatoriedad llega hasta los 18 años.

Las reacciones a la propuesta del ministro no han tardado en llegar, primero de la mano del partido de la oposición, que, aunque no rechaza directamente esta ampliación, piensa que no es lo más urgente de la educación española, siendo más necesario aumentar el bachillerato a tres años, reformar la educación primaria y potenciar la formación profesional. El resto de

los grupos parlamentarios se ha mostrado a favor de la obligatoriedad hasta los 18 años. El portavoz de Izquierda Unida en el Congreso está a favor de aplicar esta propuesta ya que estaba dentro de su programa electoral. Les daría más oportunidades a los chicos y chicas que no saben qué hacer después de la escuela, es decir, tendrían dos años más para orientarse en el mundo del trabajo y en la sociedad en la que viven.

T06 En la comunidad educativa la propuesta de Gabilondo ha tenido reacciones de todo tipo. Los representantes de los centros privados se han manifestado a favor, pero piden que la iniciativa esté apoyada económicamente por el Estado. Sobre todo tienen miedo de los problemas de organización en los colegios, ya que tendrían que aumentar el número de clases y los recursos significativamente al tener mayor número de alumnos. Lo cierto es que la puesta en funcionamiento de estos cambios significaría reformar la ley de educación y con ella la forma de dar las subvenciones para los centros privados, puesto que sólo se subvencionan en las etapas obligatorias.

El lado más negativo de este cambio lo proponen algunos expertos que estudian los aspectos positivos del sistema escolar actual. Estos se preguntan si será posible mantener en los institutos a algunos alumnos hasta los 18 años, cuando casi resulta imposible hacerlo hasta los 16. La propuesta del ministerio está pensada principalmente para estos chicos que no quieren seguir estudiando y a quienes se les ha venido a llamar «nini» porque ni estudian ni trabajan.

También se ha hablado del problema del absentismo escolar, es decir, la falta de asistencia a clase, que hace que no haya un ritmo de aprendizaje constante en el grupo, siendo un problema sobre todo para el resto de los compañeros de curso que sí quieren completar sus estudios obligatorios. Esto hace que el rendimiento del grupo sea peor del deseado.

¡El debate sigue abierto!

Ascensión Gutiérrez, Radio 8 todo noticias *(502 palabras)*

1 el absentismo escolar	*Fehlzeiten in der Schule*
prolongar	*verlängern*
tardar en hacer algo	*lange brauchen, um etwas zu tun*
el portavoz (de un grupo)	*Sprecher (einer Gruppe)*
una cosa obligatoria	*obligatorisch*
subvencionar algo/a alguien	*etwas/jdn. subventionieren*

rechazar	*ablehnen*
aumentar las subvenciones	*die Subventionen erhöhen*
potenciar una cosa	*eine Sache steigern/verstärken*

2

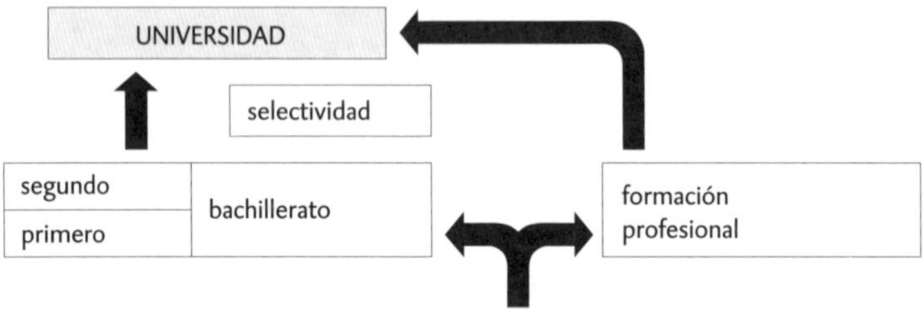

edad	curso	etapa de educación	
de 15 a 16 años	cuarto	Educación Secundaria Obligatoria (ESO)	EDUCACIÓN OBLIGATORIA
de 14 a 15 años	tercero		
de 13 a 14 años	segundo		
de 12 a 13 años	primero		
de 11 a 12 años	sexto	Educación Primaria	
de 10 a 11 años	quinto		
de 9 a 10 años	cuarto		
de 8 a 9 años	tercero		
de 7 a 8 años	segundo		
de 6 a 7 años	primero		

3 a Hasta ahora la edad para la educación obligatoria es

☒ los 16 años.

b ¿Qué otros países tienen ya esta reforma?

☒ Portugal.

c ¿Cuándo se pondría en funcionamiento la reforma educativa?

☒ Después del próximo curso.

d ¿Qué dice la oposición respecto a la propuesta?

[X] No está totalmente en contra, pero ve asuntos más importantes.

e El partido de la izquierda está

[X] a favor.

4

ventajas	desventajas
• Da oportunidades a los chicos que no saben qué hacer después de la escuela. • Dos años más para que los chicos puedan orientarse en el mundo del trabajo y en la sociedad en la que viven.	• Apoyo económico necesario en los centros (privados) porque en ellos sólo las etapas obligatorias se subvencionan. • Problemas de organización: Aumentar el número de clases y recursos al tener mayor número de alumnos. • Dificultad de mantener aun más tiempo en las aulas a los chicos que no quieren estudiar. El absentismo escolar puede aumentar. Ya hace que no haya ritmo de aprendizaje constante en el grupo. El rendimiento puede ser, por tanto, aun peor.

5 La oposición habla de alargar el bachillerato y quiere que sean tres años en lugar de sólo dos.

6 a Son los chicos que son difíciles de mantener en el instituto y que abandonan el sistema escolar sin terminar la educación obligatoria. Son llamados así porque ni estudian ni trabajan.

b Respuesta libre
Sí. En Alemania también existe un porcentaje de la población que no tiene el título de la educación obligatoria. Yo proporcionaría a todos los chicos que no tienen el título un puesto para hacer una formación práctica. Hoy en día en Alemania es casi imposible acceder al mercado laboral sin un título.

M3 Una vida nueva – el viaje a lo desconocido

T07 Desde hace décadas, intelectuales y políticos discuten si España es un país de inmigración. La realidad es que lo es desde la década de los noventa. En España viven unos 5 599 000 extranjeros censados, lo que supone más de un doce por ciento de la población. Este país ha pasado de ser un emisor de emigrantes a ser un receptor de un denso flujo migratorio.

Los emigrantes vienen a España por diversas razones: porque se necesitan trabajadores con su cualificación, porque desean vivir con mayor libertad, porque se ven obligados a huir de sus países de origen o porque se han enamorado en España, entre otras muchas.

Nuestro programa «Nuevo mundo» acompaña a tres jóvenes emigrantes de diferentes nacionalidades, culturas y estratos sociales, que intentan abrirse camino en España. Se trata de un reportaje realizado durante el primer año de estancia de los protagonistas, que muestra cuales fueron las condiciones de su llegada así como su primera fase de adaptación. A todos les une el deseo de establecerse en España con permiso de residencia. La serie se centra en observaciones y vivencias cotidianas en el nuevo país que transcurren y se desarrollan de forma paralela.

T08 Senegal. Abdou no tiene más de 17 años, pero su vida está llena de experiencias que podrían llenar las páginas de un libro. Ya se está acostumbrando a su nueva ciudad, Santa Cruz de Tenerife, a la que llegó de Senegal hace casi diez meses. Llegó en un viaje muy peligroso en patera, un barco en el que iban casi 50 personas. Estuvo trabajando más de dos años para reunir el dinero para pagar el viaje que le quitaría la vida o le daría una nueva. El viaje fue muy duro. Murieron cuatro personas y cuando llegaron estaban casi todos enfermos. Ahora sigue viviendo en el centro de menores de Tenerife y está aprendiendo un oficio, trabajar con el metal, para un día poder tener un trabajo en una fábrica y mandar dinero a su familia. Esa es su idea ahora y ya la era antes de abandonar su país. Quería irse a Francia porque habla francés, pero ahora que está haciendo el curso en el centro quiere quedarse y conseguir los papeles para residir en España. Los españoles le parecen simpáticos, pero no conoce a muchos porque en el centro sólo hay chicos y chicas emigrantes. Cuando mejore su español, podrá relacionarse con otros chicos.

T09 Ucrania. Dmitri es un chico de 16 años que vive en las afueras de Barcelona. Llegó hace casi un año de Ucrania a Cataluña después de un largo viaje en autobús y tren para reunirse con sus padres que llevan ya seis años en España. Dmitri es un chico alto, rubio y muy alegre y nos responde a las preguntas que le hacemos en un español muy fluido. Habla español tan bien porque lo estudiaba en el instituto de su ciudad natal. Desde que sus padres emigraron a España sabía que era cuestión de tiempo emigrar él también. Sus padres le habían contado muchas cosas de Barcelona, pero cuando llegó le gustó más de lo que esperaba. Ahora estudia en el instituto de su barrio primero de ESO, ya que prefirió repetir curso para tener buenas notas. Su sueño es estudiar, para quedarse en un lugar fijo y no emigrar como sus padres. Quizá vuelva a Ucrania cuando termine sus estudios. Le llamaron la atención muchas cosas, pero sobre todo que los compañeros y la gente por la calle le miraran tanto por su pelo tan rubio y su piel tan blanca. Le hacen bromas porque en verano se puso rojo como un cangrejo. Ya no echa de menos tanto su tierra porque ha hecho amigos en el instituto. Sigue aprendiendo español en clases de apoyo.

T10 Argentina. Gabriela es española y argentina de Mendoza. No sabe muy bien dónde tiene su corazón porque lo tiene repartido entre los dos países. Su abuelo emigró muy joven desde Galicia a Argentina en los años cincuenta y siempre tuvo la idea de volver. Por eso, cuando nacieron sus hijos, los inscribió en la embajada argentina como españoles para que nunca se olvidaran de donde procedían. Ahora Gabriela, de 15 años, vive en Santiago de Compostela, Galicia, con su madre Carmen, hija menor de su abuelo. Ella se puede quedar en España porque tiene la nacionalidad española, igual que su madre. Un día hace un año y medio vinieron a visitar a la familia de su abuelo después de un viaje en avión que duró más de 15 horas y se quedaron. Ahora Gabriela sueña con terminar secundaria y hacer un módulo de formación profesional de fotografía para poder viajar por el mundo. Al principio fue difícil dejar Argentina, pero se está adaptando muy bien a la ciudad, a las diferencias culturales y al idioma de los españoles. En el instituto todo el mundo sabe de dónde viene porque su acento lo dice todo. Todo el mundo le dice que habla con un acento muy bonito y dulce. Para ella el problema era entender el gallego, la segunda lengua oficial de la Comunidad Autónoma, que se habla en muchos sitios, tanto en la escuela como en la calle. Al principio no estaba segura de estar

viviendo en España, explica Gabriela. Los verbos se pronuncian diferente, por ejemplo «sabes» se diría «sabés» y utilizan muchas palabras diferentes. Así que siempre hay motivo para reírse con sus compañeros de clase cuando charlan juntos, se hable de lo que se hable. *(909 palabras)*

1 a Respuesta libre
Se van porque sus familias son pobres y quieren trabajar para mantener a sus familias, porque en sus países hay guerra, porque en sus países no hay libertad política y/o religiosa, etc.

b Respuesta libre
Es diferente a lo que esperaban. Tienen muchos problemas de adaptación por el idioma, la cultura diferente, la falta de trabajo o de perspectivas, la xenofobia, etc.

2

1.	los extranjeros **censados**	E.	registrados
2.	los **estratos** sociales	G.	clases
3.	las **afueras** de una ciudad	D.	los alrededores
4.	**aprender un oficio**	F.	hacer una formación
5.	ponerse rojo como un **cangrejo**	C.	animal que vive en la playa y camina hacia atrás
6.	la **década**	B.	diez años
7.	el **flujo** migratorio	L.	movimiento
8.	**abrirse camino**	J.	empezar algo
9.	**establecerse**	I.	vivir en un lugar de forma permanente
10.	la ciudad **natal**	K.	de origen
11.	**hacerle bromas** a alguien	H.	reírse
12.	la clase de **apoyo**	A.	ayuda
13.	la **embajada**	N.	representación diplomática de un país
14.	**proceder de**	M.	ser de un lugar

3
- Los emigrantes vienen a España porque se necesitan **trabajadores** con su cualificación o porque desean vivir con mayor **libertad**.
- El **12** % de la población española es extranjera.

- El reportaje es sobre **el primer año** en España.
- Abdou se está **acostumbrando** a su nueva vida.
- Trabajó **dos años** para poder pagar el viaje.
- Dmitri habla **bien** español.
- Sus padres emigraron hace **6** años.
- Está en **primero de la ESO**.
- El abuelo de Gabriela emigró en los años **cincuenta**.
- Los compañeros de clase se ríen de ella **por su acento**.

4

	Abdou	Dmitri	Gabriela
lugar de procedencia	Senegal	Ucrania	Argentina
edad	menos de 17 años	16 años	15 años
dónde vive actualmente	Santa Cruz de Tenerife (Canarias)	las afueras de Barcelona (Cataluña)	Santiago de Compostela (Galicia)
cómo llegó	en patera	en autobús/tren	en avión
planes para el futuro	quedarse y trabajar en una fábrica	estudiar y quedarse en un lugar fijo y no emigrar	terminar secundaria y hacer una formación profesional

5 ¿Por qué han emigrado?
A: Para poder mandar dinero a mi familia.

D: Porque mis padres lo habían hecho tiempo atrás y yo vine a reunirme con ellos.

G: Porque tenía familia en Galicia, la tierra de mi abuelo.

¿Ya se han integrado en el nuevo país? ¿Por qué (no)?
A: No mucho. De momento sólo tengo contacto con los chicos y las chicas del centro de menores en el que resido. Sin embargo, los españoles me parecen simpáticos.

D: Sí. Ya tengo amigos en el instituto y no echo de menos mi país. Además, mi español es bastante fluido.

G: Sí. Tengo muchos amigos en el instituto con los que me río.

6 Respuesta libre

Abdou: Quería irse a Francia porque habla francés, pero al final se quedó en España. Hizo un viaje muy peligroso en patera en el que murieron cuatro personas de las 50 que iban en el barco. Trabajó más de dos años para reunir el dinero para el viaje.

Dmitri: Estudió el idioma en su país, por eso no tuvo demasiados problemas para integrarse. Aunque su español es fluido, continúa yendo a clases de apoyo. La gente lo mira por la calle porque es muy rubio y tiene la piel muy blanca. Quiere estudiar, por lo que quiere tener buenas notas en el instituto.

Gabriela: Su abuelo era español así como su madre y ella. En Galicia no se habla sólo español, sino gallego, otra lengua que también es oficial. Todo el mundo sabe de dónde es Gabriela por su acento bonito y dulce.

7 En los últimos diez años España se ha convertido en un país de **inmigrantes/inmigración**. Muchos jóvenes **extranjeros** (procedentes de diferentes países) llegan a España buscando **libertad** o una vida mejor. Cada uno tiene diferentes razones para salir, y, en muchos casos, huyen de sus países de **origen**.

La **llegada** a un nuevo lugar con nuevas costumbres y a veces nuevo idioma no es siempre fácil. Un periodo de **adaptación** es siempre necesario, aunque se comparta la misma lengua. En la mayoría de los casos las personas que proceden de un país que no pertenece a la Unión Europea necesita un **permiso** de residencia para poder quedarse. Este documento permite **residir** sin ningún problema en España u otro país europeo.

El viaje para las personas que vienen de países subsaharianos como Senegal o Mali es **peligroso** ya que viajan en **pateras**, pequeñas embarcaciones poco seguras y normalmente llenas de personas que quieren llegar a la costa para **quedarse**. **Abandonar** a la familia no es nada fácil, pero para muchos es la única oportunidad para llevar una vida mejor. Una vez que se ha llegado a la costa española, el viaje sólo acaba de empezar. Es el momento de la verdadera lucha: conseguir los **papeles** y quizá algún día llegar a tener la **nacionalidad** española, francesa, alemana o lo que sea. Sin embargo, siempre aunque se consiga todo lo que se busca, se sigue echando de **menos** a la familia, a los amigos y la propia cultura.

Kompetenzbereich: *Uso de la Lengua*

M1 Cambios en la vida: de niño a adulto

1 a Respuesta libre
niño: jugar, guardería, llorar, descubrir, etc.
joven: escuela, instituto, amigos, salir, discoteca, estudiar, fiesta, chicos/as, enamorarse, etc.
adulto: trabajar, responsabilidad, familia, seriedad, hijos, problemas, etc.

b Respuesta libre
Cuando era pequeño, yo iba todos los días a la escuela y todos los sábados jugaba al fútbol.
Recuerdo que un día después del entrenamiento me caí y me rompí la pierna. Me quedé en casa una semana y no volví a jugar al fútbol.

c Respuesta libre
Los fines de semana salgo con mis amigos, pero no vamos a discotecas normalmente. En las fiestas que celebramos mis amigos y yo podemos conocer a otros chicos/as de nuestra edad. Muchas veces no tengo ganas de estudiar o de hacer deberes. Tengo muchas discusiones con mis padres.

d Respuesta libre
Trabajaré en una empresa de exportación para poder hablar diferentes idiomas. Ganaré mucho dinero. Viviré algunos años en un país lejano y conoceré a gente y nuevas culturas. Tendré una familia grande con muchos hijos y todos viviremos en una casa junto al mar.

M2 Hotel Mamá

1 a Respuesta libre
Como no hay trabajo estable, los jóvenes no se van de casa. Como los jóvenes se casan cada vez más tarde, viven más tiempo con sus padres. Los jóvenes no se van de casa de sus padres porque tienen miedo a tener que resolver solos sus problemas. Los jóvenes postergan la decisión de irse a vivir solos porque así pueden ahorrar dinero.

b Respuesta libre

Mientras vivía en casa de mi padre, estudiaba derecho en la universidad. Vivir en casa de mi padre era fenomenal. Era como vivir sola, porque podía hacer lo que quería, y la ventaja era que tenía todo lo que necesitaba y que siempre había alguien para charlar. Para mí, vivir con los papás era bastante normal, todos mis amigos lo hacían. Aunque yo nunca había vivido sola, pensaba que de esta manera se podría aprender a arreglárselas con poco dinero y a compartir con otras personas, quizás un día con la pareja.

c Respuesta libre

Viviendo con otras personas, querría que me dejaran organizarlo todo. Pediría, p. ej., que hubiera horas fijas de llegada para respetar así a las personas que tienen que trabajar. Exigiría también que comiéramos juntos. Establecería las horas.

2 a Los jóvenes **se irían** más temprano de casa si **hubiera** trabajos estables, si no **tuvieran** miedo y si **se casaran** antes. Si los padres de Gabriela no **se hubieran separado**, no **se habría quedado** en casa de su padre. Si ahora **saliera** de casa, **preferiría** vivir con mujeres. Si **compartiera** un piso con otros, **establecería** reglas, por ejemplo **fijaría** horas de comida.

Gabriela reconoce que, entre otras cosas, **aprendería** a controlar sus gastos si **viviera** sola. Piensa que muchos jóvenes tienen problemas cuando se quieren independizar. Si sus padres no los **hubieran regaloneado** cuando eran pequeños, **sería** ahora más fácil para ellos vivir solos.

b «Ahora en cierto modo es evidente que mi hija **tiene** bastante responsabilidad ya que ha pasado a ser 'la dueña de casa'. Sin embargo, creo que ella **debe/debería** buscar la independencia, aunque eso **signifique** irse. Está claro que un día **se independizará**, pero cuando **se vaya**, no quiero que **se sienta** culpable por dejarme. Me importa mucho que **se desarrolle** bien tanto personal como profesionalmente. De momento se siente bastante bien en mi casa. Veo que le gusta mucho que nosotros **hablemos** por la noche y que, por ejemplo, **comentemos** lo que estamos viendo en la tele. Cuando yo era joven, era muy importante para mí que mis padres me **respetaran**. Les pedí que me

dejaran más libertades, pero me controlaron mucho. Creo que soy diferente. Vivo con mi hija como si **viviera** con alguien de mi misma edad.»

M3 La lengua de los jóvenes

1

+	más	a?	adiós
a+	además	salu2	saludos
tmb	también	nd	nada
q	que	qndo	cuando
tkm	te quiero mucho	xa	para
xq	porque	x	por
ns vms dsps	nos vemos después	ntp	no te preocupes

2
- Pepe está triste porque su novia lo ha dejado. **:(**
  sustantivo: la **tristeza**
- Marisa está llorando mientras pela cebollas. **:'(**
  sustantivo: el **lloro/llanto**
- Manuel y Jimena han confundido la hora de quedar, por eso no se han encontrado. **:S**
  sustantivo: la **confusión**
- Julia ha aprobado el examen, por eso está muy alegre. **:D**
  sustantivo: la **alegría**
- Siempre que paso por delante de él, me sonríe. **:)**
  sustantivo: la **sonrisa**

3 ¡Hola! ¿Qué tal? Tengo clase hasta las cinco. ¿Qué haces? También tengo ganas de verte. ¿Por qué no nos vemos después? Te quiero mucho (sonrisa) adiós.

4 Respuesta libre
¡Hla! ¿q tal? ¿q hces? ¿qdmos? ¿vmos 1 peli? :) ntp x l exmen salu2

5 Respuesta libre

No pienso que sea un problema. Creo que el estilo sms es una forma creativa de manejar el idioma. Opino que una lengua es algo natural que se desarrolla y que cambia continuamente. Por eso, no creo que tengamos que evitar este fenómeno. Hay que aceptar que la lengua se adapte a cambios culturales y técnicos.

M4 Los jóvenes y el tiempo libre

1 Gonzalo irá/jugará al fútbol. María irá al cine/verá una película en el cine. Mireia y Julia irán de compras a la ciudad. Julián saldrá con sus amigos/irá con sus amigos a una discoteca.

2 a

1. además	*I. außerdem*
2. también	*F. auch*
3. incluso	*G. sogar*
4. no sólo… sino también	*L. nicht nur … sondern auch*
5. pero	*H. aber*
6. en cambio	*B. dagegen*
7. por lo que	*C. weswegen, weshalb*
8. aunque	*E. obwohl*
9. sin embargo	*A. trotzdem*
10. por una parte… por otra	*K. einerseits … andererseits*
11. por último	*J. zum Schluss*
12. en resumen	*D. kurz (und gut)*

b Ángel ha dejado de fumar.
Sigue fumando.
Ha vuelto a fumar.

c Respuesta libre
Además, llevan bebida, tabaco y comida como patatas fritas.
Escuchan música, **por lo que** los vecinos no pueden dormir.
Los vecinos protestan, **pero** les da igual a los jóvenes.
Aunque la policía controla, los jóvenes **siguen haciendo botellón**, el fenómeno continúa.

Ya no dejan tanta basura, pero **han vuelto/vuelven a escuchar** música a tope.
No sólo es un problema para los vecinos, **sino también** para los jóvenes. Hay chicos que no pueden controlar el consumo de alcohol, **incluso** beben solos durante la semana, no solamente con los amigos los fines de semana.
Por una parte, los ayuntamientos de las ciudades pueden ofrecer diferentes opciones para estos jóvenes, pueden organizar fiestas sin alcohol, abrir casas de cultura y ofrecer deporte de equipo; **por otra parte**, las familias deben comunicarse con sus hijos.
En resumen, los jóvenes quieren disfrutar de la vida, de su tiempo libre con amigos, pero es necesario que estén informados de los peligros que el beber sin control puede tener.

3 a Antes de que Luis y Teresa quedaran con amigos para salir el sábado, habían llamado a sus padres.

b Gonzalo quedó con sus amigos después de que terminara el instituto.

c María y Guillermo salieron del cine sin que/antes de que la película hubiera terminado.

d Marisa esperará a Julia hasta que Julia salga de su clase de alemán a las nueve.

e Manolo estudió muchísimo con Jorge antes de que tuviera el examen.

4 a **Por** beber demasiado Luis estuvo enfermo toda la semana.

b ¿Qué hacemos este fin de semana? **Por** supuesto salimos.

c Me he comprado un nuevo mp3 **por** poco dinero.

d El sms que envió mi novio no era **para** mí.

e Los padres piensan que no necesitamos mucho dinero **para** salir.

f El tiempo libre es fundamental **para** los jóvenes.

g Gracias **por** el regalo. Un móvil con cámara **para** hacer fotos era lo que quería.

h No sólo salimos **para** hacer botellón, **por** ejemplo nos reunimos **para** ver una película en casa de amigos.

Kompetenzbereich: *Producción Oral*

M1 Los jóvenes y el cine

1 Respuesta libre

- El viernes después del instituto fui a casa a comer, después hice algunos deberes para el lunes y salí con mis amigos a ver una película en el centro.
- El sábado por la noche quedé con mis amigos del barrio para ir a la discoteca. Allí, bailamos hasta tarde.
- El domingo por la tarde mi familia y yo estuvimos en casa de mis abuelos para pasar la tarde. Después, volvimos a casa y terminé de escribir un texto para la clase de español.

2 Respuesta libre

Mentiras y Gordas: Me sugiere/me hace pensar que la película habla de gente joven, de una pandilla y de sus problemas. En la carátula se resalta la importancia de los protagonistas en la película. Creo que la han elegido porque al verla podemos imaginarnos un poco la personalidad de los personajes. Por su aspecto físico parece que los chicos disfrutan de la noche, es decir, les gusta salir y vivir la vida a tope.

Yo soy la Juani: Los elementos que aparecen en la carátula y que son mencionados en el resumen son p. ej. el novio (está detrás de ella esperando con cara triste encima de un coche); el triunfo (simbolizado por las estrellas detrás de la Juani); ser actriz (la televisión a la izquierda); la frase «la juani es lo +»; la fuerza que tiene la protagonista (las líneas que salen de ella) y el grafiti (puede ser que sea su barrio).
Los otros personajes a la derecha en pequeño quizá sean personas con las que tiene relación a lo largo de la película. El edificio sobre el que está la televisión puede ser que simbolice también su barrio.

Tapas: La escena puede ser en el bar porque vemos sillas, o también en un comercio. Los pies que se ven en la escena a la izquierda podrían ser los de César, los pies descalzos a su lado pueden ser los de Raquel. A lo mejor los pies con las zapatillas son los de Conchi. Quizá Opo haya bebido mucho alcohol o haya tenido una pelea.

a Respuesta libre

b Respuesta libre

Nuestra primera opción es «Mentiras y Gordas» porque el argumento de la película es el que más nos interesa. En nuestra opinión, son temas (los jóvenes, el verano, los secretos, etc.) con los que podemos identificarnos. Sin embargo, depende del director y de los actores si en esta película se logra presentar los temas de manera convincente.

La segunda película sería «Yo soy la Juani» puesto que nos gustaría ver cómo la Juani consigue sus objetivos. Pero hay que decir que el argumento interesa probablemente más a las chicas que a los chicos.

La tercera y última posibilidad sería «Tapas», que habla de la vida de las personas que viven en un barrio. Pues trata de gente normal que tiene sus problemas, tristezas y alegrías. Creemos que también suena interesante, pero que los argumentos de las demás películas se dirigen más a la gente joven como nosotros. Además, a veces las historias entrelazadas resultan difíciles de entender.

3 Respuesta libre

ver películas en casa	ver películas en el cine
• es barato • puedes reunirte en casa con amigos o familia y, si es una grabación, se puede parar • se puede ver a cualquier hora • las nuevas televisiones de pantalla plana te dan casi la misma definición (*Auflösung*) que el cine • no hay nadie que se siente delante de ti e impida ver la película (muchas veces se ve sólo una parte de la pantalla) • la gente que come palomitas (*Popcorn*) en el cine hace mucho ruido y uno no se puede concentrar	• se sale de casa y se hace algo diferente; la tele se puede ver todos los días, pero ir al cine es algo especial • no hay interrupciones; en el cine no se habla y sólo se ve la película • la experiencia de ver una película en el cine con la pantalla gigante no se puede comparar con la televisión • quedar para ir al cine es una forma de ver a los amigos; normalmente antes de ir a cenar y salir por ahí

M2 Problemas, problemas

1 Respuesta libre

Cinco cosas que nunca haría (ni siquiera por dinero)

- Traicionar a un amigo porque para mí la amistad es lo más importante y no me gustaría que ningún amigo me traicionara a mí.
- Usar la violencia para solucionar un problema porque pienso que no lleva a ningún sitio y que va en contra de mis principios.
- Ir a una corrida de toros porque estoy en contra del maltrato a los animales.
- Correr una maratón porque no soy deportista y eso traería consecuencias irremediables para mi cuerpo.
- Ir a la luna en un cohete porque la altura me da miedo y necesito tener los pies sobre la tierra.

Una profesión ideal sería aquella en la que pudiera trabajar poco y ganar mucho dinero. También sería importante para mí que pudiera hacer lo que me gustara y además de esto que fuera algo que sirviera para ayudar a mucha gente, p. ej. ingeniero. Podría construir e inventar máquinas o sistemas que pudieran facilitar la vida de la gente sobre todo en países pobres que necesitan agua potable u otras cosas básicas.

Un buen amigo es aquel que siempre está a mi lado, tanto en los momentos buenos como en los malos. Además, es alguien que me defiende cuando tengo problemas o alguien habla mal de mí. Un buen amigo comparte también los éxitos de uno y anima en los momentos difíciles sin pedir nada a cambio.

Una escuela ideal sería un lugar donde la gente estuviera motivada para estudiar y aprender. Los profesores serían amables y divertidos, prepararían sus clases pensando en cada uno de nosotros e intentando motivarnos. Las pausas serían más largas y se harían más cosas en grupo. Se fomentaría el deporte y en las clases no habría diferencia entre alumnos. Los buenos ayudarían a los que tuvieran más dificultades.

Las cinco cosas más importantes en mi vida

- Mi familia porque se tiene sólo una familia y es para siempre. Ellos me quieren y sé que siempre estarán ahí para apoyarme.
- Mis amigos porque es con ellos con quienes se aprende, se tienen experiencias y recuerdos para siempre.

- Mi moto porque es nueva y estuve mucho tiempo ahorrando para comprarla.
- El medioambiente porque pienso que si no cuidamos el mundo, no habrá futuro.
- Mi tiempo libre porque con la escuela y las actividades extraescolares a penas tengo y por eso lo valoro mucho para poder hacer lo que quiera.

2 Respuesta libre

- problemas con los amigos: discusiones, malentendidos, peleas, etc.
- problemas con los padres: hora de salir, dinero, las tareas de la casa, etc.
- problemas en la escuela: los profesores, los compañeros, las notas y exámenes, etc.

3 a Respuesta libre

Un hijo discute con sus padres porque no quiere ir de vacaciones con ellos.

HIJO: Mamá, este año no voy de vacaciones con vosotros.
MADRE: ¿Cómo?
HIJO: Este año mis amigos del instituto planean ir camping a una ciudad en la costa.
MADRE: Pero ¿por qué no quieres venir con nosotros? ¿No te gusta ya la montaña?
HIJO: Sí, claro que me gusta, pero siempre vamos al mismo sitio y yo tengo ganas de ver algo diferente.
MADRE: Algo diferente que nosotros, ¿no?
HIJO: Mamá, tienes que entender que para mí es más divertido e interesante ir con gente de mi edad y conocer a otra gente nueva. Tener nuevas experiencias...
MADRE: Sí, claro, como vivir en el caos y en el desorden.
HIJO: Bueno, algo así también.
MADRE: Tu padre y yo vamos a pensarlo, ¿vale?

Una hija discute con sus padres porque quiere ser artista.

HIJA: Mamá, quiero estudiar arte en la universidad después de terminar el bachillerato.
MADRE: Pero ¿para qué?

HIJA: Quiero pintar y para ello tengo que saber de arte y en la universidad podré aprender todo lo necesario.

MADRE: Me gusta que pintes y como hobby es estupendo, pero no es una profesión. Del arte no se puede vivir. Tendrías que estudiar algo con futuro. Si estudiaras medicina como yo, podrías trabajar en mi hospital. Es un trabajo seguro y muy interesante.

HIJA: Claro para ti, pero yo no quiero ser médica, yo quiero ser artista, no quiero tener seguridad y saber cómo va a ser mi vida ya.

MADRE: Por lo menos piensa sobre mi propuesta, Clara.

b Respuesta libre

Dos jóvenes discuten entre sí porque una chica está enamorada del novio de su amiga.

CHICA 1: ¿Por qué estás siempre junto a mi novio? Yo creo que te gusta.

CHICA 2: Sí, es cierto que me gusta mucho, incluso puedo decir que estoy enamorada de él.

CHICA 1: Pero ¿cómo puedes decir algo así? Eres mi amiga o mejor eras mi amiga y eso a una amiga no se hace.

CHICA 2: No es algo que yo quisiera, simplemente surgió.

CHICA 1: Esas cosas no surgen así como así. ¿Le has dicho algo a él?

CHICA 2: No, pero creo que le gusto también. Sí, yo creo que le gusto más que tú.

CHICA 1: Déjalo en paz y a mí también. Aléjate de él.

CHICA 2: Eso tiene que decidirlo él.

Dos jóvenes discuten entre sí porque un chico quiere salir, su amigo quiere preparar el examen de física.

CHICO: Vamos a salir esta noche. He quedado con la pandilla para ir a la discoteca. ¿Te vienes?

AMIGO: No puedo este sábado.

CHICO: Pero ¿por qué? Es sábado y siempre quedamos los sábados.

AMIGO: El lunes tengo un examen de física y tengo que quedarme en casa para estudiar.

CHICO: Puedes estudiar el domingo todo el día y así lo tienes fresco para el examen.

AMIGO: No insistas. Tengo que aprobar este examen como sea. Si suspendo, tengo que ir a la recuperación de septiembre y me quedo sin vacaciones. Prefiero quedarme un fin de semana sin salir a pasarme todas las vacaciones en casa.

CHICO: Eres un exagerado.

AMIGO: Eso lo dices tú porque lo apruebas todo sin estudiar demasiado, pero no todos somos como tú. Yo tengo que echarles muchas horas a los libros y sobre todo a física.

4 Respuesta libre

María y Guillermo se han pasado de la hora.

padre	madre	María	Guillermo
La hora está para cumplirla. No sabíamos dónde estabais.	Nos preocupamos si no llegáis a la hora. Si eso no funciona, os vamos a reducir la hora de llegada.	No nos dimos cuenta de la hora que era.	No llevaba ni reloj ni móvil.
Os damos demasiadas libertades.	No nos respetáis llegando tan tarde y no cumpliendo el horario.	El tiempo pasa muy deprisa.	La fiesta sólo acababa de empezar cuando nosotros tuvimos que irnos.
Cuando yo era joven, mis padres no me dejaban salir tanto.	No queremos poner castigos, pero no nos dais otra opción.	Mis amigas llegan siempre más tarde a casa que yo.	Al ser los primeros que tienen que irse a casa nos hacéis diferentes y nuestros amigos se ríen de nosotros porque nos tratáis como a niños.
Lo que hagan los demás padres no me importa. Somos nosotros los que ponemos las reglas.	Guillermo, tienes que cuidar de tu hermana y darle ejemplo.	No confiáis en nosotros, por eso no nos dejáis salir hasta más tarde.	El fin de semana es para divertirse.

María y Guillermo pasan demasiado tiempo delante de la tele y del ordenador.

padre	madre	María	Guillermo
El ordenador es como una droga.	La televisión no os deja pensar.	Ver películas es una forma de cultura.	El ordenador es una herramienta de trabajo.
Antes no había tele y disfrutábamos leyendo.	Es mejor leer un libro que ver una película en la televisión.	Ver la tele es ideal para descansar. Además, las películas del fin de semana son un tema en la pandilla.	El ordenador es una forma de pasar el tiempo libre.
Pasáis horas delante del ordenador pudiendo hacer otras cosas.	Es una forma de no tener que hablar con la familia.	Es una forma de estar en familia cuando estamos sentados viendo lo mismo.	Los tiempos han cambiado.
Se pierde el contacto con los amigos.	Hay que saber lo que se ve y seleccionar. Una vez que os sentáis, no os levantáis y veis todo lo que echan. Hay muchos anuncios y, por eso, cuando ves una película completa, pierdes mucho tiempo.	Normalmente no miro todo lo que echan. Selecciono el programa que me interesa.	Nos comunicamos por medio del ordenador con los amigos.
Pasáis demasiado tiempo sentados delante de él.	La mitad del tiempo se hace zapping (*cambiar de canal rápidamente sin ver nada concreto*).	Si veo la película en casa, no salgo y no voy al cine que cuesta dinero. Y no llego tarde.	También pasamos demasiado tiempo sentados en la escuela y eso nadie lo critica.

M3 Para divertirse...

1 a Respuesta libre

Los medios de comunicación en mi vida **no son muy importantes** porque no me interesa demasiado lo que sucede en el mundo. Cuando pasa algo grave o interesante, la gente habla de ello y me entero por medio de mi familia y amigos.

Los medios de comunicación en mi vida **son muy importantes**. Me gusta estar informado de lo que pasa en el mundo. Normalmente en casa comentamos las noticias del día o lo que ha leído o escuchado alguien. Suelo leer el periódico digital cuando uso el ordenador para hacer las tareas del instituto.

b En la primera viñeta vemos a dos chicas. La chica que está delante del televisor le dice a la otra que no puede tener un entrenador personal, pero que para eso tiene la televisión. La chica está levantando pesas y haciendo deporte delante de la tele. En la segunda viñeta la chica le comenta a su amiga que, como no puede tener cocinero en casa, se conforma con el de la tele para aprender a hacer platos sabrosos. En la tercera, la chica le dice a su amiga que viaja de forma virtual por el mundo gracias al programa de la televisión «Travel TV». En la cuarta, la amiga le dice que es frío, lejano e impersonal hacerlo todo sola y sólo con la tele. En la última viñeta la chica le da la razón y por esta causa necesita un psicólogo. Y como no tiene dinero para uno, pues pone un sofá delante del televisor para ver «Psicólogo TV».

c Respuesta libre

La chica a la derecha utiliza la televisión para todas las facetas de su vida, el deporte, la cocina, viajar... cosas que normalmente se hacen con otras personas. A la amiga le parece todo frío y distante utilizar de este modo la televisión en la vida. Para la otra chica es fundamental la televisión porque según ella no tiene dinero para hacer todas esas cosas que cree que necesita. Es una paradoja: necesita la televisión para curarse del uso, mejor dicho, del abuso de ella.

Yo creo que la televisión tiene que usarse con moderación, al igual que el ordenador u otros medios que pueden causar dependencia. La televisión no es un sustituto de amigos o de viajes. Es necesario tener estas vivencias uno mismo y no viendo lo que han vivido otros. A veces

puede ser una ayuda y una fuente de información, pero es necesario saber cómo usarla para no dejar que sea ella la que domine.

2 a Respuesta libre

- Creo que es sólo una minoría la que ve la televisión por la mañana. Antes de ir al instituto no se ve casi la tele. Creo que la verán más por la tarde o la noche, después de cenar, p. ej.
- Pienso que a la mayoría le interesan más las series juveniles.
- Las novelas o telenovelas, no creo que sean programas para los chicos jóvenes, por lo que pienso que será un cinco por ciento el que ve novelas en la tele.
- Pienso que menos de la mitad de los jóvenes no están satisfechos con la programación y sus contenidos.
- La función de la tele para los jóvenes es el entretenimiento y la diversión en el tiempo libre. Quizá en un bajo porcentaje también el aprendizaje.
- En mi opinión, eso depende de los contenidos de la programación.
- Sí, creo que es un tema de conversación si hay una serie o un programa que les interesa. Creo que conversar sobre ello con sus amigos y compañeros de clase es importante, pero menos con su familia. El uso de la tele en la escuela se basa en la visión de vídeos educativos y quizá algo que se haya grabado, pero casi nunca algo directamente de la tele.

b Respuesta libre

- Hay muchos chicos jóvenes que ven la televisión por la mañana. Y sí ven más por la tarde, después de hacer las tareas, o por la noche.
- A los chicos argentinos les gustan los «Simpson», que son dibujos animados, y las películas. Las novelas le gustan a un 32 por ciento, lo que es mucho más de lo que esperaba.
- Me sorprende que la mayoría esté contenta con la programación.
- Los jóvenes ven la tele para pasar el tiempo y como entretenimiento. Son las funciones que habíamos pensado.
- La gran mayoría piensa que no ofrece una visión real.

3 Respuesta libre (discusión)

4 Respuesta libre

el Papa: «Soy una persona muy importante, mucha gente me necesita en el mundo.»

el Rey: «Soy el representante de todo un país y sin mí, habría un caos político.»

Shakira: «Soy una cantante muy importante, hago muy feliz a mucha gente con mis canciones.»

niño de diez años: «Los demás son mayores que yo. Aún tengo mucho que vivir y durante mi corta vida no he hecho mal a nadie.»

5 Respuesta libre

6 a El hombre viajaba en un globo que estaba perdiendo altura y después de tirar toda la ropa para poder ganar altura, las personas en el globo hicieron el juego de la cerilla para saber quién tenía que tirarse… y el hombre perdió.

b «Romeo y Julieta» son dos peces. Al abrirse la ventana por el viento cayeron al suelo y se rompió la pecera *(Aquarium)*.

c El hombre es un farero *(Leuchtturmwärter)*. En la radio escucha que ha habido un accidente de barco en el que han muerto muchas personas, por lo que sube al faro y se da cuenta de que se ha olvidado de encender la luz.

Kompetenzbereich: *Producción de Textos*

M1 Generación en conexión: los adolescentes y las redes sociales

1 a Respuesta libre

El texto nos da una visión positiva del uso de las nuevas tecnologías. Habla sobre todo de las ventajas que tiene para los jóvenes. Aunque a veces se usan las redes juveniles para abusar de los chicos o chicas por parte de adultos, estos casos son pocos. Normalmente las redes protegen la identidad y privacidad de sus usuarios, también se controla el contenido de lo que se publica para cumplir la ley del menor.

Al usar estas redes los jóvenes aprenden a conocer y dominar Internet y el ordenador, que es y será una herramienta fundamental para el futuro trabajo del joven.

Estas redes abren una puerta al mundo exterior, dan la oportunidad a chicos con dificultades para socializar de encontrar nuevos amigos y aprender así a comunicarse con su medio.

Los jóvenes aprenden a trabajar en equipo ya que comparten material de la escuela y tienen acceso a todo tipo de información que les interese.

Las redes ayudan también a que los jóvenes socialicen y no se aíslen.

b Respuesta libre

En Red

Últimamente se ha hablado mucho de nosotros, los jóvenes, y del uso de las nuevas tecnologías. En nuestra escuela se ha desatado el debate del uso de las redes sociales como forma de comunicación entre los chicos y chicas.

¿Aíslan o socializan?

Hoy en día las tecnologías forman parte de nuestra vida, desde la vida privada hasta en el mundo del trabajo. Son herramientas fundamentales en la vida diaria que permiten intercambiar material, trabajar en equipo. Todo ello se hace de forma lúdica.

Mucho se ha dicho de los abusos que se hacen en estas redes sociales por parte de adultos. Se dice que está comprobada la seguridad de los datos privados y de los contenidos publicados, de modo que se cumpla ante todo la ley del menor. El control, aseguran, existe y no hay peligro para los usuarios de ningún tipo. ¿Es realmente cierto? Una y otra vez

escuchamos casos de gente que ha sufrido una desilusión o quizá algo más terrible, que hayan atentado contra su persona al confiar en alguien a quien sólo se conocía por la red.
Pero ¿qué pasa con los jóvenes que tienen problemas para encontrar amigos en su entorno? Las redes sociales pueden ser una puerta al contacto con la sociedad en la que vivimos. Los que están en contra dicen que no es una socialización real, ya que las personas con las que tienen contacto no son verdaderos amigos. Otros dicen que las redes les dan la oportunidad de aprender a compartir y a perder el miedo a abrirse a los demás. Y tú, ¿qué opinas?
¡El debate está abierto!

2 a Respuesta libre
¡Hola chicos! He vuelto de mis vacaciones por Andalucía. Estuve 15 días en Córdoba en un campo de trabajo con otros jóvenes de diferentes partes de Europa: Alemania, Bélgica, Francia y Austria. Trabajar… bueno… no hicimos mucho. Estuvimos limpiando las ruinas árabes de Medina Azhara, una ciudad que está a 8 kilómetros de Córdoba.
Íbamos todos los días menos los fines de semana a trabajar limpiando piedras con los arqueólogos y luego por la tarde hacíamos una siesta porque hacía mucho calor. Por la noche, cuando estaba más fresquito, salíamos juntos.
Fueron unos días inolvidables. Os lo recomiendo.

b Respuesta libre
¡Hola Isa!
No te preocupes, que a tus padres el enfado se les pasará en unos días. A mí me sucedió lo mismo. Mis padres se enteraron de que estaba inscrita en «tuenti» y también pensaron que me iba a pasar algo simplemente por poner mis datos como el nombre y los gustos. Me dieron una charla sobre los peligros y demás. Claro, todo esto fue causado porque mi amiga Maribel, una amiga del pueblo al que voy de vacaciones, se escribía con alguien que decía ser un chico de 18 años de Toledo y ¡resulta que al final era un hombre de 54! Quedó con él para salir y no sé qué hubiera pasado si su madre no hubiera ido con ella (la llevó a Toledo en coche ya que ella había insistido mucho). Le había enviado la

foto de su hijo. Imagínate, llamaron a la policía, hicieron una denuncia... la pobre casi se murió del susto.
Por eso, entiendo que tus padres no quieren que cuelgues fotos tan privadas...
Si quieres, quedamos el fin de semana para charlar un poquito sobre esto y te cuento detalles.
Un beso
Ceci

c Respuesta libre

MARÍA: Pues, no, no lo vi. No creo que haya suspendido... Suspendimos cuatro en clase y yo era una de ellos :-(Bueno la vida continúa.

ROBERTO: ¡Qué bien lo de tu ocho en física, Ana! Yo he sacado un 5, uff, por lo menos aprobé.

MARÍA: No sé qué sacaré en matemáticas, pero al menos me anima que a vosotros os haya ido mejor que a mí.

ANA: No sé entonces qué le pasaría a Luis porque al salir ni me miró.

ROBERTO: Ana, no te preocupes, intenta olvidar a este tío. María, si quieres, te ayudo con la física aunque no soy una maravilla, pero al cinco llegué... si te animas, aquí me tienes :-)

3 a En total, un 52 % de los menores encuestados afirma preferir el móvil antes que Internet. Sin embargo, las diferencias entre género son destacables también en este caso. Por norma general, las menores afirman preferir el móvil antes que Internet en un 59 % de los casos. En cambio, entre los chicos, Internet es más popular que el móvil. Afirman preferir Internet en un 54 % de los casos.

b Respuesta libre
De la carta al e-mail
Hoy en día se habla mucho del uso de los medios que los jóvenes utilizan para comunicarse. ¿Han cambiado tanto? ¿Cuáles son? ¿Tienen acceso a ellos todos los jóvenes?
La carta enviada por correo para contar las últimas noticias de los amigos y familiares ha pasado de moda. Todo esto ha cambiado. La rapidez es uno de los factores que definen la forma de comunicarse entre

jóvenes y mayores. El correo electrónico sustituye a la carta, las noticias llegan al segundo. Pero no sólo es así, sino que las redes sociales hacen que la forma de relacionarse no tenga nada que ver con la de hace años. Las diferencias de uso entre móvil e Internet existen, aunque no son muy grandes. No me han sorprendido los resultados de una encuesta reciente que decía, por ejemplo, que las chicas españolas prefieren el móvil a Internet. En Alemania también las chicas prefieren el móvil para escribir mensajes o para hablar por teléfono porque, en general, las chicas son más comunicativas que los chicos.
Comunicarse sigue siendo importante hoy, se sea chico o chica, como lo era para nuestros abuelos, solo que los medios para hacerlo han cambiado. ¿Acaso nos hace eso diferentes?

M2 Generación en conexión: con otras generaciones

1 Respuesta libre

Estimados señores:

Me dirijo a ustedes para hacerles llegar mi solicitud para participar en el programa «Viure y Conviure».

Este programa me interesa ya que quiero cursar los últimos años de mi carrera de arquitectura en Barcelona, la cual comencé en Buenos Aires, Argentina, mi país natal. La situación de la vivienda en la ciudad de Barcelona es bastante difícil al igual que mi situación económica, por lo que la habitación gratuita sería una ayuda inestimable. Poseo experiencia en convivir con gente de avanzada edad ya que en mi familia vivimos tres generaciones bajo el mismo techo: mis abuelos, mis padres, mis hermanos y yo. La convivencia, así como hacer compañía al dueño o a la dueña de la casa, sería algo conocido y enriquecedor para mí. Debido a mis estudios pasaría bastante tiempo en casa.

Además, cumplo los requisitos de edad y no tengo trabajo remunerado.

A la espera de su respuesta.

Atentamente,

Cristina García Álvarez